张弛有度 优雅得体

情商写下青春的色彩

主编 拾 月
编著 张玲玲

图书在版编目（C I P）数据

张弛有度　优雅得体：情商写下青春的色彩
张玲玲编著. -- 北京：现代出版社, 2015.4
ISBN 978-7-5143-3576-7

Ⅰ. ①张… Ⅱ. ①张… Ⅲ. ①人际关系 – 通俗读物
Ⅳ. ①C912.1-49

中国版本图书馆 CIP 数据核字(2015)第 082130 号

张弛有度 优雅得体：情商写下青春的色彩

主　　编	拾　月
编　　著	张玲玲
责任编辑	王敬一
内文制作	诚美天下文化传播有限公司
出版发行	现代出版社
地　　址	北京市安定门外安华里 504 号
邮　　编	100011
电　　话	(010)64267325
传　　真	(010)64245264
邮　　箱	xiandai@cnpitc.com.cn
网　　址	www.1980xd.com
印　　刷	三河市华晨印务有限公司
开　　本	700mmx1000mm　1/16
印　　张	9
版　　次	2015 年 5 月第 1 版　2021 年 3 月第 3 次印刷
书　　号	ISBN 978-7-5143-3576-7
定　　价	29.80 元

前言

每个青少年，都是这个社会中最宝贵的财富，正所谓“少年强则国强”，大至一个民族、一个国家，小至一个家庭、一个家族，都应重视青少年的教育问题。除此之外，也应该重视青少年在这个青春期里，是否能够感受到人世间的善、恶、美、丑。在每个人的人生中，除了需要自身独特的性格之外，还需要拥有感受世界的能力。

魅力、活力，能够释放独特自我，展示该有的青春形象。

魔力、影响力，能够修炼出独特的品性，散发阳光般的魅力。

自控力、注意力，能够时刻反省自身，不脱离人生正常的轨道。

思考力、发展力，能够拓展聪明才智，提升自身的竞争力。

情商力、记忆力，能够全面在社会上的竞争力，助力前行的脚步。

青春，是每一个人最美好的一段时光，也是每个人人格、性格定型的重要阶段，在这个时期，我们需要享受青春的快乐，同时也需要完成自我塑造。通过心理自助，最终从一个小男生、小女生逐渐成长为一个有着健全人格的人，成长为一个对社会、对家庭、对自我有着相对完整认知的人，成长为能够为自己的未来做主的人。这才是一个最充实、最有价值的青春。每个梦想都值得我们认真对待，每个青少年都是未来的希望。在青春之中，我们不仅要有欢乐，同时也要拥有未来！

本丛书是你化解烦恼的“心灵鸡汤”，可以给你增加快乐的心理自助法则；本丛书会让你认识到：掌控心理，方能掌控世界；改变自己，才能改变一切。本丛书还将告诉你：只有实现积极的心理自助，才能收获快乐而充实的青春。

目录

第一篇 人际关系:小智慧换来真友情

第二篇 情绪管理:做情绪的主人

第三篇 应对能力:兵来将挡,水来土掩

目录

第四篇 自我约束:让自己成为佼佼者

第五篇 鞭策内心:完善自身的不完美

第一篇

人际关系：小智慧换来真友情

人际关系是情商的检验场，是情商真正发挥作用的时刻。人际关系能力决定着生活中的其他人是迫切希望再次见到自己，还是害怕见到；决定着自己的需求、欲望和目标受到期待、认可、欣赏和尊重，还是受到排斥和忽视。人际关系的质量决定了家庭、邻里和工作场所中的社交和情感氛围。人际关系顺畅，提供了平台，让我们能够与他人分享处世经验，从中获得享受。

入乡随俗，礼貌也可以很亲密

故事话题

在三国争霸中，刘备除了有皇叔血统，其他方面，无论是文功还是武略，都稍逊一筹，但是他与枭雄曹操和“生子当如孙仲谋”的孙权三分天下，这要归功于他堪称“情胜”的高情商。待人以礼是其中的重要方面，“三顾茅庐”的典故经久不衰。

官渡大战后，曹操打败了刘备。刘备只得投靠刘表。曹操为得到刘备的谋士徐庶，就谎称徐庶的母亲病了，让徐庶立刻去许都。徐庶临走时告诉刘备，隆中有个奇才叫诸葛亮，如果能得到他的帮助，就可以得到天下了。

第二天，刘备就和关羽、张飞带着礼物，到隆中去拜访诸葛亮。谁知诸葛亮刚好出游去了，书童也说不准什么时候回来。刘备只好回去了。

过了几天，刘备和关羽、张飞冒着大雪又来到诸葛亮家。刘备看见一个青年正在读书，急忙过去行礼。可那个青年是诸葛亮的弟弟，他告诉刘备，哥哥被朋友邀走了。刘备非常失望，他留下一封情真意切的书信，拜托诸葛亮的弟弟转交。

刘备的一番表情达意，令诸葛亮大为感慨：“昨观书意，足见将军忧民忧国之心。”于是，热情接待了第三次登门的刘备，将自己对政局的研究心得倾情奉出，但仍婉拒刘备出山相助的请求。

刘备哭了：“先生不出，如苍生何！”话未说完，已是泪沾袍袖，衣襟尽湿。诸葛亮感念他对自己的厚重礼遇，便出山了，从此“鞠躬尽瘁，死而后已”。

故事解析

刘备与诸葛亮，原本是“对面不相识”的陌生人，因为礼数周全，成为肝胆相照的亲密战友。情商的作用至关重要。

美国哈佛大学心理学博士丹尼尔·戈尔曼 1995 年发表了《情感智商》，书中提出“情绪智慧”(Emotional Intelligence)，通常称为“情商”或 EQ，这一理论在全球掀起了一股强劲的旋风。他科学论证出：人类经验认为智商 IQ 最重要是不准确的，EQ 才是人类最重要的生存能力；人一生的成就中，IQ 的作用最多只占 20%，而 EQ 的作用最少占 80%！

人际关系的优劣与情商的高低有相互决定的密切关系，而微乎其微的礼貌是营建良好人际关系的主要途径。举手投足，心系他人，礼貌是以小见大的最经济实惠的人生投入。从日常点点滴滴做起，为自己筑造温馨通畅的航道。

故事穿越

美国加州一位6岁的小女孩，有一天她拿回家4万美元的现款。家人很吃惊，问她是哪里来的，她说是一个陌生人给的，送给她零花的。

这个消息不胫而走，整个加州都为之疯狂骚动起来。很多人猜测并不是什么陌生人，可能是远房亲戚，或者有其他关系的一个人等等。记者纷纷找上门访问这个小女孩。

小女孩很爱笑，而且笑容甜美，她回答："不，我不认识他……不知道为什么给我这么多钱……"忙乱了好一阵，记者们仍然一无所知。

几天后，小女孩的家人和邻居安静下来，慢慢引导她回忆整件事的过程。小女孩努力地想了又想，约莫一刻钟之后，她若有所思地告诉父亲："那天，我刚好在路边玩，碰到那个人，我们对视了一下，我就客气地笑了笑，别的就没有了。"

父亲开导她："那么，对方有没有说什么话呢？"

小女孩又使劲地想了想，答道："他好像说了句'你天使般的微笑，化解了我多年的苦闷！'什么是苦闷啊？"

原来那个路人是一个富豪，但很不快乐，他脸上的表情永远是非常冷酷而严肃的，整个小镇根本没有人敢对着他笑。当他第一次看到一个纯洁可爱的小女孩对着他微笑，他的心灵刹那间苏醒，阳光明媚，整个人都温暖了起来。

生动美妙的体验让富豪感激不尽，他一定要给小女孩一定的酬金，4万美元在他看来是很合适的。

故事微语

故事是一件真事，它直观地告诉人们，彬彬有礼的价值可以有多么巨大。蕴含着爱心、热情的礼貌能够唤醒沉睡、麻木、冷酷的心灵，礼貌让人与人之间温馨动人。

礼貌是情商的基础表现，高情商者总是礼数周全的人。他为人处事都能够礼仪为先，充分考虑他人的感受，照顾他人的尊严，珍惜他人的付出。

礼貌是立身于社会最基本的素养，但又是最重要的。它会为自己带来机遇，促进自己的发展，而疏于礼貌，则会引发“意外”的挫折、伤害。

礼貌是人类社会的通道，没有它寸步难行。

心灵箴言

礼貌比法律更强有力。

——[英] 卡莱尔

世界上最廉价，而且能得到最大收益的一项物质，就是礼仪。

——[法] 拿破仑

礼仪的目的与作用在于：变本来的顽钝为柔顺，使人们的气质变温和，使他敬重别人，和别人合得来。

——[英] 洛克

礼仪不良有两种：第一种是扭怩羞怯；第二种是行动不检点和轻漫。要避这两种情形就只有好好地遵守下面这条规则：不要看不起自己，也不要看不起别人。

——[英] 约翰·洛克

尊重他人，更是尊重每一个灵魂

故事话题

美国著名的福特汽车公司位于新泽西的一家分厂，曾因管理混乱差点倒闭。总公司为他们派出一位能力出众的经理，他到任后很快发现了症结所在。

以前的领导只关注生产任务的完成情况，为了取得更快更好的工作成果，一味地缩减非工作时间，除了埋头工作，吃饭、放松的时间微乎其微。而偌大的厂房里面，一道道生产线就像一道道屏障，加上各种机器的轰鸣，员工们相互间很难有所交流，也都如机械一般下意识地动作。冷酷的环境大大消减了员工们的热情，人们口角不断，工作效率锐降。

新任经理果断决定所有员工的午餐由公司负担，每次午餐，大家都在公用餐厅集聚，呼吁大家共渡难关。

工人们以为企业走到了尽头，便都放开大干，心甘情愿努力工作。聚餐时间提出工作中的问题，讨论各种方案，帮助企业应对危机。人们之间的交流增多，有了一定的交际、休息时间，感觉自己不再是活动的机器，大大增强了主人翁意识，群力群策，集思广益，找到很多发展的方法。

为了建立领导与普通员工的亲密关系，每次午餐时，新任经理会亲自在餐厅一角烤肉，赠送给员工，所以上下级之间的关系也融洽了很多。这个做法被保留下来，成为公司优秀的传统。

一系列举措拯救了人们的信心，大家重新获得做人的尊严，相互之间和谐友好，两个月业绩便回复了以前的最佳水平，五个月后开始盈利。

故事解析

过度泯灭人性的管理不能真正提高产量、技术，反而容易激起反抗，造成瘫痪的局面。新的领导推行人性化管理，充分尊重每个员工的人格，激励起众人的主人翁意识，依靠集体的力量克服难关，重注企业以活力。

人是具有情感需求的高级动物，任何忽视这个重要元素的言行必将招致反对与失败。对情商的关注应该成为各行各业必要的环节，否则就会因小失大。

对人的尊重不会因为长幼高低的客观差别而有不同，每一个社会成员，无论职位高低、年龄大小，对人格的要求是同等的，都需要得到同样的肯定。只有这种基本的精神需求得到满足，才谈得上和谐乃至发展。

情商高者对所有人的人格都会一视同仁，尊重他们凭借自己的劳动生存的权利，他周围的人都会心安理得，发挥出最好的水平，形成共赢共进的积极融洽局面。

故事穿越

在一次游览中，一对伙伴遇到了一位双眼失明的残疾人。他们在路上攀谈起来，渐渐熟悉。

在景点的入口处，残疾人免费从残疾人专用通道上顺利通过。这对伙伴中的一个就对另一个说："我也去试试。"说罢，便买了副黑墨镜戴上，走到了残疾人专用通道上。毕竟心虚，他主动对工作人员说："我的眼睛……"还没等他说完，工作人员便为他打开了通行的门，那个人高高兴兴地走进去了，他的伙伴很是疑惑。

如果这样，所有人不都效仿了吗？等他排着队挨近大门时，一位工作人员说话了："请告诉你的朋友，以后不要再做这种占小便宜的事了。我让他进去，只是因为前面的残疾人还没有走多远，如果和他争执，只会让残疾人听到之后受到侮辱。"

这是一个真实的故事，工作人员用理解与善良架起了这座尊重的桥梁。让每一个人都为之动容。

公交车上，总有那么一个位置——残疾人专用座。这是社会对残疾人的关怀与体谅，以及无言的尊重。但它总是让形形色色健全的人占有着，让每一位上车的残疾人感到尴尬。

街道上，总有两行黄色的"彩带"——盲道，普通的一件事物，却体现着多少人对残疾人的尊重与关爱。践踏盲道，就是践踏尊严。

社会上，只有互相尊重，才会拥有一条真正的，将心与心连结的彩带！

残疾人专用入口

故事微语

正常人之间要相互尊重，对残疾人、身心有残缺的人道理是相同的，而且因为他们的残缺，更期盼获得正常的认同，所以对他们的尊重还要注意分寸的把握，需要更高的情商。

人生而平等，是指的灵魂、精神。不论是健康人还是残疾人，每一个人都拥有属于自己的美好，每一个人都拥有属于自己的世界，残疾人不需要同情和怜悯，需要的是对他们的平等关爱和尊重。

食不果腹衣不遮体时，灵魂守住人的底线，高贵得令人起敬。当社会进步繁荣、家庭财富增多、个人生活优裕的时候，灵魂同样需要升华。

物质生活基本满足后，人们追求产品的多样化；精神生活基本安定后，人们也会追求思想寄托的多元化。

为了社会的和谐，为了和谐社会的多元存在，为了和谐社会多元存在的维系和延续，人的灵魂需要滋润和营养，也需要理解，需要安抚，更需要尊重。

心灵箴言

尊重别人，才能让人尊敬。

——[法] 笛卡尔

对别人的意见要表示尊重。千万别说：“你错了。”

——[美] 卡耐基

要尊重每一个人，不论他是何等的卑微与可笑。要记住活在每个人身上的是和你我相同的性灵。

——叔本华

施与人，但不要使对方有受施的感觉。帮助人，但给予对方最高的尊重。这是助人的艺术，也是仁爱的情操。

——刘墉

留有余地，不咄咄逼人

故事话题

戴尔·卡耐基是西方现代人际关系教育的奠基人。

1904 年，卡耐基就读于密苏里州华伦斯堡州立师范学院。他发现参加辩论和演说比赛是一个成名的最好机会。

卡耐基积极参与，屡战屡败后，终于在 1906 年以《童年的记忆》获得了勒伯第青年演说家奖。此后他一直以擅长辩论为优点，直到他有了一个深刻的教训。

二战结束不久后，卡耐基担任罗斯·史密斯爵士的私人经纪人。爵士因为一次 30 天之内飞行半个世界的壮举轰动一时。在一个欢迎爵士的宴会上，卡耐基身边的一位先生讲了一个故事，总结出“谋事在人，成事在天”的道理，他解释说这句格言源于《圣经》。

卡耐基立即指出他说得不对，这句格言毫无疑问来自莎士比亚。但这位先生却坚持他的说法。

坐在卡耐基另一边的是他的一位老朋友加蒙，他已经潜心研究莎士比亚的著作很多年了。自然，他成了事件的裁判。

加蒙先生说道：“戴尔，你错了。这位先生是对的，那句话确实出自《圣经》。”

后来，加蒙解释说：“你是对的，那句话是《哈姆雷特》里的。但是戴尔，我们只是参加一个盛会，没必要去证明一个人的对错。为什么不给他留点面子？他并没有征求你的意见。应该永远不要和别人发生冲突。”

“永远不要和别人发生冲突”让卡耐基警醒，升华到人生的另一个层面。

故事解析

辩论是一项很有益的活动，但在日常生活中，没有它的土壤。人际交往中，辩论只能适可而止，应以人际的融洽、和谐为首要目标。这样的理论是游刃有余生活的重要观念，每个人都要把握。

情商的一个重要方面是区分不同的生活区域，包括工作、交友、家庭、爱好等等，在不同性质的事务中，人际关系有不同的标准，能够分别处之泰然才是具有合格情商的表现。

人际关系要求融洽，所有具备各式各样才能的人如果想要良好的人际关系，都要服从于这个准则。良好的人际关系是一个人能力无限发展、事业无限进步的润滑剂，对于它的营造要有专门、独立的认识，绝对不能弱视或者与其他事务混淆。

能力有能力施展的领地，而通向这个领地的最好的通道就是藏匿自己能力的人际渠道。

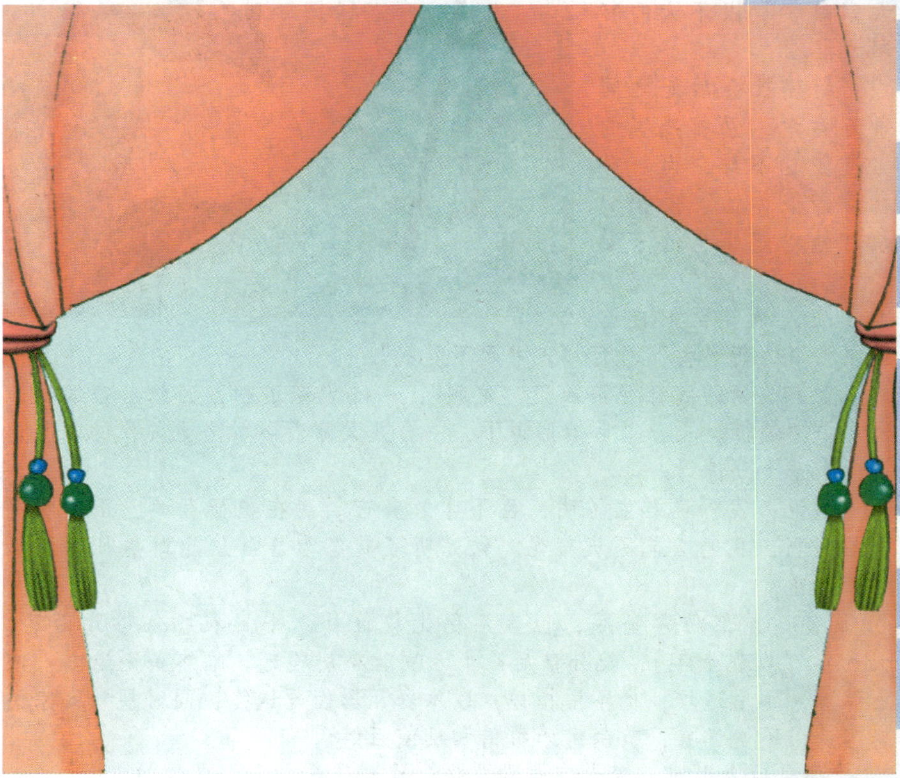

故事穿越

唐太宗李世民的长孙皇后是古代少有的贤德国母，李世民称作“嘉偶”，史书赞为“矜尚礼法”“母仪何炜”。

长孙皇后的哥哥长孙无忌，与唐太宗是布衣之交，又是功臣元勋，太宗委之以显官要职。但长孙皇后“不愿兄弟子侄布列朝廷”，让长孙无忌“苦求逊职”，直到太宗改授权限不大的官职为止。

封建社会后妃之间争宠竞幸，互相残害的劣迹屡见不鲜，而长孙皇后却能体恤、爱护妃嫔。她对妃嫔生的子女“慈爱逾于己生”，妃嫔害了病，她甚至把自己正在服用的药送去，因而“宫中无不爱戴”。

直言敢谏的魏征经常触犯“龙颜”，一次太宗退朝，回到后宫恨声地说要杀掉魏征。长孙皇后悄然退下，一会儿又穿着参加隆重礼仪的朝服走上，太宗十分惊讶。

她说；我听说君主圣明，臣下才敢直言。现在魏征直谏，正说明陛下圣明啊，我怎么能不庆贺呢？太宗听了转怒为喜，从此对魏征等忠臣更加倚重。

长孙氏虽然位尊皇后，但生活仍比较俭朴，平日衣物仅够穿而已。636年［贞观十年］，长孙皇后三十六岁时染病不起，临终留下遗嘱：依山而葬，不用造坟，也不用棺椁，以木器瓦器俭薄送终；同时规劝太宗纳忠容谏，不受谗言，节制游乐打猎和役使百姓。

长孙皇后去世时，唐太宗非常悲痛，感到从此“失一良佐”！

故事微语

长孙皇后得意时能够凡事适可而止，很好地坚持了为自己留余地的天规。所以她虽然权高位重，却没有遭遇损害，赢得尊贵贤德名。实实在在是一个高情商者。

集处世经验之大成的《菜根谭》说："滋味浓时，减三分让人食，路径窄处，留一步与人行。"留人宽绰，于己宽绰；与人方便，于己方便。这是古人总结出来的处世秘诀。

让三分，留余地，含两方面意思，一是给自己留余地，使自己行不至于绝处，言不至于极端，有进有退，措置裕如，以便日后更能机动灵活地处理事务，解决复杂多变的社会问题。二是给别人留余地，无论在什么情况下，也不要把别人推向绝路，万不可逼人于死地，迫使对方做出极端的反抗，这样一来，事情的结果只能是两败俱伤。

给别人留余地，实质上也是给自己留余地。让别人活得轻松，自己才能活得阔绰。

心灵箴言

解决争辩的最好办法，常常是避免争辩。

——[美] 卡耐基

我虽然技术高明，却总是要设法让她获胜，这样可以使她非常高兴。

——[法] 康斯坦

如果你争强好胜，喜欢与人争执，以反驳他人为乐趣，或许能赢得一时的胜利，但这种胜利毫无意义和价值，因为你永远得不到对方的好感。

——[美] 本杰明·富兰克林

人们常常用咄咄逼人来掩饰弱点，真正持久的力量存在于忍受中，只有软骨头才急躁粗暴，他们因此丧失了人的尊严。我等待，我观看。恩惠也许来，也许不来。也许这种既平静又不平静的等待就是恩惠的使者，抑或恩惠本身。

——[奥地利] 弗兰茨·卡夫卡

察言观色，给朋友一点面子

故事话题

马克思和恩格斯合作了40年，建立起了伟大的友谊，期间是一个不断完善的历程，用心的呵护是关键。

1863年1月7日，恩格斯的妻子玛丽·白恩士患心脏病突然去世，他以十分悲痛的心情将这件事写信告诉马克思。

第二天马克思即写了回信。信中对玛丽的噩耗只说了一句平淡的慰问的话，却不合时宜地诉说了一大堆自己的困境。

恩格斯收到这封信后不禁有点生气了。他一反一、两天就回信的习惯，一直隔了5天才复信："自然明白，这次我自己的不幸和你对此的冷冰冰的态度，使我完全不可能早些给你回信。我的一切朋友，包括相识的庸人在内，在这种使我极其悲痛的时刻对我表示的同情和友谊，都超出了我的预料。而你却认为这个时刻正是表现你那冷静的思维方式的卓越性的时机。那就听便吧！"

10天以后，马克思写信说："从我这方面说，给你写那封信是个大错，信一发出我就后悔了。然而这绝不是出于冷酷无情。我的妻子和孩子们都可以作证：我收到你的那封信[清晨寄到的]时极其震惊，就像我最亲近的一个人去世一样。而到晚上给你写信的时候，则是处于完全绝望的状态之中：房东打发来的评价员就在身边，家里没有煤和食品，小燕妮卧病在床……"

收到这封信后，恩格斯立即谅解了马克思。1月26日，他给马克思回了信，表明心意，还寄去一张100英磅的期票。

故事解析

马恩两人的友谊是在实际的交往、工作生活中一步步坚实起来的，就像马克思所说：友谊之舟在生活的海洋中行驶是不可能一帆风顺的，有时会碰到乌云和风暴，在这种情况下，友谊应该受到这种或那种考验，在这些乌云和风暴后，那么友谊就会更加巩固，真正的友谊在任何情况下都会放射出新的光芒。

人际沟通有两大困扰：听不懂，说不对。美国加州大学洛杉矶分校的麦瑞比安教授经过多年研究，发现造成听不懂说不对的一大原因，是因为当人们口头表达感受或态度时，他的用词只表达了意思的 7%，而其余 93%的意思却暗藏在他说话时的语气语调和面部表情里。

美国人尚且如此，在表达感情上一向偏爱含蓄的中国人只会更甚。朱自清的著名散文《背影》，细致动人地描摹了父爱，但通篇却未用一个爱字，那份情都藏在字里行间了。

中国人因为讲究面子，在表达情绪时，就会格外在意不让自己丢脸，同时也要竭力避免鲁莽的话和行为伤到别人的面子，所以更喜欢婉转表达。

中国人提倡的“察言观色”深具合理性——在人际沟通中，如果只知道听话，不懂得听音，只知道读字，不会读字里行间的意思，那么沟通的质量就可想而知了。

故事穿越

随家人逃难到香港的李嘉诚，在父亲病逝后，开始在舅父开的钟表公司当泡茶扫地的小学徒。16 岁的李嘉诚每天总是第一个到最后一个离开，他学到的第一个功夫就是察言观色，见机行事——这个功夫练就的是同理心，这使他在日后做推销员的时候，总是能凭着直觉看出客户是什么样类型的人，并能马上了解客户的心理和性格，从而确定相应的推销策略。

李嘉诚曾在五金厂推销铁桶。有一次，他和同事都想把一家正准备开张的旅馆发展成客户。同事抢先找到旅馆老板，却无功而返，因为老板有意与另一家五金厂交易。

李嘉诚迎难而上，但他并不急于见老板，而是与旅馆的一个职员交上朋友，随后得知：老板很疼爱他的儿子，却为抽不出时间陪儿子去看赛马而感到内疚。于是，李嘉诚自掏腰包带老板的儿子去看赛马。此举令老板十分感动，随后爽快地同意从李嘉诚手中买下 380 个铁桶。

就这样，李嘉诚只花了一年时间，成为全厂营业额最高的推销员。

李嘉诚的成功，很大程度还得益于贤妻庄月明，后者是毕业于香港大学又曾留学日本的才女。两人虽然两小无猜，但一个出身富贵，受过高等教育，才貌双全；另一个出身寒微，只读过初中，到了谈婚论嫁的年龄还事业未成，所以他们的感情最初并不被看好。

李嘉诚十分顾忌他人的感受，通过创造商业成就证明自己，打动岳父，35 岁时有情人终成眷属。

故事微语

李嘉诚因为善于察言观色，捞取了人生第一桶金。还因为这个特长，他积极努力，收获了事业的成功，美好的爱情、美满的婚姻。

肢体语言往往比口语沟通内容更具可信度。换句话说，要伪装语言符号容易，但伪装身体符号可就困难多了。1970年朱丽叶斯·法斯特所写的《肢体语言》问世后，导致许多人产生了错误的想法，巴望靠着几招几式就能破解对方心思。而事实上，就连作者法斯特也一直强调，请大家别做梦了，要看懂肢体语言绝非如此简单的，遽下结论只会让自己出尽洋相。所以，观察能力比理解语言的能力更为重要。

在人际交往中，准确把握交流对方的意图、情境、感受，就能够因势而为，为自己创造机会，更快地达到目的。

每个人都要练习察言观色的本领，这是提高情商的最有效方法。一定要积极调动自己的情感、精神能力，配合自身的奋斗，全面发动自己的能量，才能收获更圆满的成果。

心灵箴言

朋友交好，若要情谊持久，就必须彼此谦让体贴。

——[英] 乔叟

要想自己成为幸福的人，就应当对别人关怀备至，体贴入微，赤诚相见。

——[苏联] 苏霍姆林斯基

如果我们想交朋友，就要先为别人做些事——那些需要花时间、体力、体贴、奉献才能做到的事。

——[美] 卡耐基

我们想的是如何养生，如何聚财，如何加固屋顶，如何备齐衣衫；而聪明人考虑的却是怎样选择最宝贵的东西——朋友。

——[美] 爱默生

谈话艺术，委婉地表达自己

故事话题

一位身为北漂的IT工程师认为自己租的房子房租太高，租期很快就到了，他希望借这个机会让房东减少部分租金。他知道情形并不乐观，希望很小，其他房客做过类似努力，但都失败了，房东是个很难应付的人。工程师也知道房东是个顽冥不化的老顽固，他觉得这件事要慎重操作。

他给房东写了一封信，告诉房东租约期满的时候，就要搬出公寓，但自己并不想搬，如果能减低房租的话，还是愿意继续住下去。

房东接到信之后带着秘书一起来看他。工程师在房间门口对他们的到来表示热烈欢迎，并没有张口直奔主题。他真诚地说起自己在这里住得很满意，赞佩他管理房子的方法，同时还告诉他，自己非常愿意继续住下去，但是由于经济能力有限，他很难负担得起。

房东第一次受到房客的欢迎，几乎手足无措。他告诉工程师自己遭遇过的困扰：有些房客一直向他埋怨，其中的一个曾经给他写过十四封信，有的简直是侮辱。还有一位房客恐吓他要立即取消租约，因为楼上的人睡觉打鼾。

房东高兴地说：“有你这样一位满意的房客，对我来讲，那是再好不过了。”然后不等工程师开口，他就自动减少了一点租金。工程师希望再降低一些，说出所能负担的数目，房东没有多加分辩，立刻就接受了。

房东临走时还关心地问：“你的房间有没有需要装修的地方？”

故事解析

人际交往中，表达方式至关重要。同样的目的，如果表达方式足够巧妙，就能如愿以偿，反之，不但目的达不到，还会很不愉快。

讲话的委婉风格在社交生活中，体现了口才和应变能力，体现了文明程度与社交应答水准。

委婉地拒绝；含蓄地表达不满和意见；艺术地表现不便直言的情事；婉转地批评，这些已经成为现代人追求高雅、高情商的重要表现。

委婉的语言风格以表现体贴为目标，尽可能避免不必要的摩擦与伤害。委婉必须建立在善意的基础上。委婉的语言要求设身处地站在对方立场，关心对方感受和希望达到的效果，流露出的是尊重他人的态度。

委婉风格就是心诚为本，体贴为形，避免饶舌，点到为止，迂回表达否定见解，可以肯定自己但同时不会刺激对方。

既表达了见解，还维持了良好的氛围、心境，就是委婉的内涵。

故事穿越

爱好写作的谢智玲女士曾在中国作家网发表文章《说话的艺术》，里面举了一个很鲜明的例子。

她有两个朋友，都是销售人员，但她们的说话方式却截然不同。李姓朋友说话总是面带微笑。一次，谢智玲在她那里看她卖车。来了一位顾客，手里抱着一只哈巴狗。李姓朋友走上前并不问她想买什么型号的车，而是看着她的狗狗说："您这狗狗真漂亮，毛光润滑的，肯定很贵吧，能告诉我是什么品种吗？"这样就开始了她们愉快的聊天，而且一聊就是一个多小时。

可能是李姓朋友认为时机差不多了，不知怎么的，她们就聊到了车子。她把握时机，毫不犹豫地给她介绍汽车，顾客也听得很认真，而且还笑声不断。

李姓朋友给顾客介绍了两款本田汽车，所有的功能也做了对比。经过她的介绍，顾客做了比较，最后买了一款自己觉得要好一点的本田车。

张姓朋友是卖衣服的，她喜欢直入主题。一年农历七月初七，谢智玲去她店里玩。刚好有一位男孩想买一件衣服给女朋友，逛到了张姓朋友的店里。

女孩看上了一件白色的裙子，但她皮肤黝黑。张姓朋友就直截了当地说，你皮肤黑穿上更黑，不好看，要不换一个颜色吧！

女孩拉着男朋友气冲冲地跑走了。也许张姓朋友应该这样说："您穿这件衣服身材很好，看上去也更漂亮，但要是换另一种颜色会更漂亮。"

故事微语

其实，说别人喜欢听的话，并不是拍马屁，也是一门艺术，而且还可以事半功倍。

每个人的交际都有自己的目的，但直奔主题的方式很多情况下并不奏效。找到双方都感兴趣的话题，逐渐深入，随机应变，会取得最好的沟通效果。在语言沟通的过程中，委婉是一种颇有奇效的粘合剂。

委婉含蓄的语言，既是劝说他人的法宝，又能适应人们的心理上的自尊感，容易产生赞同。换句话来说，委婉含蓄的语言就是成熟、稳重的表现。中国人讲究曲径通幽的含蓄美，虽然它和条条大路通罗马是一个意思，但一比较即有明显的差别，而高情商者说话往往委婉含蓄。

表达不同意见要从双方都认同的角度切入，先强调共识，然后慢慢转入不同。必须不断强调：双方都是为了共同的目标在努力，只不过对于具体的过程有差异。采取先退后进，先恭维后“不过”的迂回战术。

心灵箴言

书是音符，谈话才是歌。

——[俄] 契诃夫

俏皮话就像练剑用的钝刀头子，怎样使也伤不了人。

——[英] 莎士比亚

对一个心持反对意见者，讲话却有必要谦和而委婉。否则正像把盐撒入伤口，会使他已有的成见更深。

——[英] 弗·培根

谈话的范围应当广泛，好像一片原野，每个人行走其中都能左右逢源。而不要成为一条单行道，只能容纳自己一个人。

——[英] 弗·培根

第二篇

情绪管理：做情绪的主人

任何情绪，都可能产生破坏性。趋利避害，要靠有效的管理，而不是将情绪强压下去憋在心里，指望它自己化为乌有。情商开发，就是学会恰当地管理情绪。不是任性发泄，而是有效表达；不是强行压抑，而是及时处理。这样才能做到让情绪为自己服务，而不是被情绪牵着鼻子走。

豁达宽容，让心灵面朝大海

故事话题

袁隆平是我国杂交水稻研究创始人，被誉为“杂交水稻之父”“当代神农”“米神”。他为之奋斗的杂交水稻事业被人们誉为“第二次绿色革命”，给整个人类带来了福音。

袁隆平由于在农业上做出重大的贡献，获得了多项国内及国际大奖，但面对接踵而至的荣誉，袁隆平没有沉醉，他始终保持一颗平常心，在古稀之年依然探索不止。

袁隆平有两个最大的心愿：一是把超级杂交稻研究成功；二是让杂交水稻进一步走向世界。他希望杂交水稻的研究成果不但能增强我们国家解决自己吃饭问题的能力，同时也为解决人类仍然面临的饥饿问题作出更大的贡献。

袁隆平不接受甚至躲避那些宣传个人、为自己扬名的采访，他总是淡然而坚定地对记者说：“我是研究人员，不是演员。我不接受采访。”

曾有权威评估机构评估：“袁隆平”名字品牌价值达千亿元。如果他申请专利的话，或许他现在是中国最富有的人，可是他却把专利无私地贡献给国家，而他的生活依旧简朴。

袁隆平曾说：“我认为，把名利看淡泊一点，包容一些，不要去争名夺利，心里就会好一些。人生不是为了追名求利，应该要更崇高一点，要让思想境界高一点，让心态更包容一些，这样你就会取得更多的成就。如果把名利看得太重，稍微有点不如意，受了挫折，无法以包容的心态对待，心里反而很难受。”

故事解析

取得了巨大成就，却能够不为名利所累，心态一定是超然豁达的。袁隆平在成绩、荣誉面前能够心态淡泊，再接再厉，是心志极为成熟的表现，展现出他高超的情商。

豁达是最值得追求的个性境界之一，宽容是人际交往中的润滑剂。从自己做起，化解矛盾减少冲突。

宽阔的心胸是成大事的基础，不以个人的爱恶喜厌决定交往。成功是每个人的梦想，但是成功不可能自动到来，而是经过不断的磨炼和积累而获得的。

把成功比作一座大厦，德商、情商、灵商、胆商等等，都是构造这座摩天大楼必不可少的材料。对于青少年来说，现在正是培养自己这些能力的黄金时期。活力、魄力还有充足的时间，名师的指导都是大学生所拥有的得天独厚的优势。

宽容就是具有同理心，要做到孔子说的“君子和而不同”，首先需要同理心。

故事穿越

汉朝宗室，大学者刘向所编录的《新序·杂事第四》里面有一篇叫作“梁楚之欢”，讲的就是宽容的故事。

梁国的大夫宋就被派到一个小县担任县令，这个县正好位于梁国与楚国的交界处，盛产西瓜，但两国的西瓜种植情况却大相径庭。

梁国的村民经常担水浇瓜，西瓜长得快，还又甜又香。楚国的村民种瓜很少浇水，瓜长得慢质量又不好。楚国的县令因此责怪村民，村民便一味怨恨梁国，嫉妒他们。

楚国村民开始想方设法破坏梁国村民的劳动成果。每天晚上，他们轮流跑到梁国的瓜田，踩瓜扯藤，导致梁国村民种的瓜每天都要枯死一些。

梁国村民发现这个情况后，十分气愤，准备报复，但一位长者劝阻住了大家，说：“我们还是把这件事报告给县令。”

大家来到县衙，宋就说：“不与对方一般见识，那样会没完没了，造成更大的损失，甚至酿造祸端。我看最好的办法是帮助他们也把瓜种好。每天派人替他们浇水，最好在夜间悄悄进行。”

梁国村民依言而行，楚国的瓜一天天好起来。楚国村民很快发现了真相，大为感动。

楚国县令既感激、高兴又自愧不如。他如实禀报了楚王，楚王也很感动，深感惭愧和不安。楚王备了重金派人送给梁王，从此后，楚、梁两国世世代代友好往来。

梁界
楚界

故事微语

刘向在两千多年前编录的这则小故事在今天仍然有其进步意义，智慧之深远让人感念良多。

现代发展理论已经证明，只有求得共赢才是可持续的合理进步。对未触及大是大非的事件多采取宽宏大度，甚至反而帮助的建设性处理方法，才能够既解决问题又促成发展，获取长远的胜利。

越是在喧嚣和困惑的环境中无所适从，越会觉得快乐和宁静是何等的难能可贵。“心安处即自由乡”，善于调节内心是一种拯救自我的能力，让自己具备正常的素质与认知：对自我有清醒认识，对他人能宽容友善，对生活无限热爱。

任何情绪，都可能产生破坏性。趋利避害，要靠有效的管理，而不是将情绪强压下去憋在心里，指望它自己化为乌有。如此，情商才能得到历练，每个人才能对无限宽广的未来充满信心。

心灵箴言

一旦能容纳自己的失败，就会变得比失败更强大。

——[英] 哈罗德·埃文斯

用谅解、宽恕的目光和心理看人、待人，人就会觉得葱宠的世界里，春意盎然，到处充满温暖。

——蔡文甫

自己萎弱，恶人健全；自己恶动，忌人活泼；自己饮水，嫉人喝茶；自己呻吟，恨人笑声，总是心地欠宽大所致。

——林语堂

一个人如果不能从内心去原谅别人，那他并不能真正心安理得。一个人的胸怀能容得下多少人，就能赢得多少人。

——一凡

乐观面对，生活充满微笑

故事话题

20世纪80年代。大批想发“洋财”的华人移民去巴西，但到了那里才知道，原来发财梦并不是那么容易做的，移民们所能赚到的钱非常有限。

出于对创业的渴望，他们时常聚在一起讨论做什么生意容易发大财。居住在里约热内卢市郊的移民中，有一位小伙子的家乡盛产茶叶。他提出把国内的茶叶拿到巴西来卖的设想。但遭到其他人的讥笑，因为在巴西，从小孩儿到老人，从普通百姓到富贾政客，几乎所有人都只爱喝咖啡。

“可是，正因为这样，茶叶市场才是一个空缺啊！”小伙子说。

“不是市场空缺，是根本没有市场，你想，根本不会有人买，哪儿来的市场？”同胞们反击他说。

之后的几个月里，小伙子利用所有与巴西人接触的机会调查得出，他们希望尝试中国绿茶。

时间一转眼到了第二年春天，小伙子回国收购了一些谷雨茶，在街上摆了一个地摊儿，请人分别用英文和巴西文在牌子上写下：“你完全没有品尝过的中国绿茶！”

小伙子还用保温壶泡了一壶茶，给大家免费品尝。那天，他在街上一直忙到了晚上九点多才收工回到住处，卖掉了50斤茶叶！

初步的成功让小伙子兴奋不已，他租了店面，还在当地电视台做了一个小广告。之后，他的生意越做越大。

他就是如今叱咤于巴西商界的中国华侨企业家、“中国绿叶”绿茶公司创始人李松友。

Tea

故事解析

乐观的情绪让李松友发现了商机，开拓出全新的绿茶市场。

乐观态度与成功紧密相连。成功通常意味着财富、健康的身体、快乐的家庭、安全繁荣的社区。而乐观可以帮助我们实现所有这些目标。

《学习乐观》的作者马丁·塞利格曼指出，乐观向上的人往往认为失败只是暂时的，不是他们的过错。困境可以变成一种挑战，一个有所作为的机遇，或者呼唤出更大的努力。

采取积极的态度应对美好的事物，相信美好是永恒的。认为“今天生活得很美好，因为我们努力做适当的锻炼，有意识地努力做到更友善”，而不是“今天生活得很美好，但是我不知道这是为什么，也不知道明天将是什么样子”。此外，对坏事做出一种具体的解释，使之成为暂时的现象。

正如塞利格曼在书中写到的：“乐观使忧愁逐渐散去，身体越来越棒，成就越来越多，而付出的代价越来越少。”

故事穿越

著名的莱特兄弟初次飞行时，曾被人讥笑是异想天开。但莱特兄弟充满信心地说道：“即使上天的梦想永远是一个梦，我们也要在梦中像鸟儿一样离开大地，到湛蓝的天空中飞翔。”

一次次的失败将莱特兄弟的耐心考验到了极点，他们曾当着讥讽者的面流下了眼泪。但当他们执手相拭泪眼时，竟又同时说：“兄弟，让我们擦干眼泪再来一次，我想我们最终会成功的。”

终于，飞行器平稳地离开了地面，尽管只是短短的几十秒钟。从这一刻起，人类不再徒羡鸟儿的自由。

故事微语

历经失败与嘲讽，莱特兄弟并没有丧失乐观精神。乐观更像幸存者。马克·詹金斯描写过包括阿伦·拉斯顿在内的幸存者的故事。登山青年阿伦陷入美国犹他州南部的缝隙峡谷，绝地断臂进行自救。

詹金斯引用英国哥伦比亚大学心理学教授皮特·聚德费尔德的话，“处于高压下，人们可能变得更加死板，这只会降低他们的生还概率”。他接着说，即便在困境中，“幸存者是适应能力极强的人。他们知道如何即席作战，他们思维开阔，寻找变通，构思策略”。

牢记，困境逃生需要综合运用情商中的精神风貌中的整体理念，包括快乐和乐观，并结合问题解决能力。当然，所有能力融会贯通，情商才会更成功。

心灵箴言

微笑乃是具有多重意义的语言。

——[瑞士] 施皮特勒

只有在你的微笑里，我才有呼吸。

——[英] 狄更斯

只用微笑说话的人，才能担当重任。

——美国谚语

当你微笑时，世界爱了他；当他大笑时，世界便怕了他。

——[印度] 泰戈尔

幽默是心灵的微笑。最深刻的幽默是一颗受了致命伤的心灵发出的微笑。

——周国平

正确引导，不迁怒他人

故事话题

丘吉尔的脾气是出了名的急躁、情绪易怒，这使他在“二战”前的政治生涯中屡遭挫折。但在战时，他不甘屈服的叛逆性格却正当其用。

“二战”开始时，担任英国首相的是温和理智、情绪稳定的张伯伦。受传统欧洲政治体系教育的张伯伦，认为自己作为英国领导人的责任就是维持欧洲的和平。而且，他相信希特勒作为领袖必然会像自己一样讲道理，所以，他认为对待纳粹德国最好的方法，是用善意尽量满足他们的愿望。

易怒的丘吉尔却意识到了希特勒在想什么，这使他超越了张伯伦的理智。签署完《慕尼黑协定》的张伯伦在机场宣称“这是历史上第二次英国首相从德国带回保持尊严的和平，我相信这就是我们一个时代的和平”，但丘吉尔清醒地提出警告：“别以为这事就这样结束了。这笔账才刚开始计算。这只是一杯苦水刚尝了第一口。”

英国最终向德国宣战后，临危受命的丘吉尔在演说中坚毅地说：“我们的方针是什么？是以上帝赐予我们的全部精力，竭尽全力在海陆空作战，进行一场反对凶残暴政的战争。我们的目标是什么？我可以用一个词来回答：胜利——是不惜任何代价赢得的胜利。”

通常，发怒都被认为是不良情绪，但丘吉尔的“坏”脾气，却给了他直面邪恶的勇气和决战到底的决心，也激励了英国人民反法西斯的斗志。

故事解析

丘吉尔能够把自己的坏脾气运用于合适的时机，同样完满地实现了自己追求美好、和平的愿望。

情绪无所谓好坏，重要的在于合理引导。《黄帝内经》中说，人有七情六欲，喜伤心，怒伤肝，忧伤肺，思伤脾，恐伤肾。可见，情绪反应是人们正常行为的一方面，但用情过度却会伤害身体。很少有人生来就能控制情绪，但日常生活中，人们应该学着去适应。

冲动情绪是心理烦躁、生气的外在表现，讨厌一个东西或人时，你的情绪就会无限地把讨厌放大。而心中对其产生好感时，原本的讨厌也会一扫而空，情绪也会因此而改变许多。

生活中我们总会因为一些事情而陷入烦恼之中。烦恼虽然只是一种情绪，但却具有极大的破坏力。

心理学家发现，缺少自信的男人比较容易产生冲动情绪，这种冲动实际上是他们一种错误的自我保护。如果一个男人不能自我肯定，对自身的价值不认同，他就会觉得自己是被别人瞧不起的，是受威胁的，这种心理常态的表现是怯懦、退缩。但是，遇到偶然的触发事件，却很容易引发出失控的冲动情绪。

冲动是魔鬼。因此，学会有效管理和调控自己的冲动情绪，是一个人走向成功的前提。

故事穿越

拉瑟上中学的时候，想参加学校的篮球队，父亲则建议他报拳击队，并对他说："我从来没想让你成为一名职业拳击手，我只是想让你学到拳击精神。"

一年后，拉瑟对父亲说道："在拳击台上，你无处可躲避，无人可依赖，无人可责备，一切都只能依靠你自己，这就是拳击精神吧？"父亲答道："还不完全。"

第二年，拉瑟对父亲说道："在拳击台上，只有一只手被最终举起来，那是胜利者的手。只有胜利者才能赢得荣誉和尊重，这就是拳击精神吧？"父亲答道："还不完全。"

第三年，拉瑟对父亲说道："在拳击台上，总是免不了被对手击倒在地，这并不可怕，重要的是要敢于爬起来。跌倒了，爬起来，这就是拳击精神吧？"父亲笑道："你学到了。"

丹·拉瑟最终没有成为一名拳击手，而是历经坎坷，成了一名享有世界声誉的金牌主持人，他回顾自己一生经历时说："我得感谢拳击台，那真是一个奇妙的地方，你被击倒，然后你顽强地站了起来，耳边响起了支持你的欢呼声，这种体验绝对是独一无二的。在我遭遇低谷、挫折的时候，我脑子里的角落总会有一个声音喊道：'爬起来！'于是我就这样一路走了过来。"

故事微语

丹·拉瑟的成功人生在于，他在年幼的时候就已经在内心形成了积极向上的自动牵引力。他的成功是不断自我激励的结果，他训练有素的情绪带动他永远勇往直前。他早早地自主建立起优秀的情商，对他的人生产生了巨大的推动力量。

俗话说：“笑一笑，十年少；愁一愁，白了头。”这说明，人的心境、情绪对身体的影响是很大的。轻松、愉快、兴奋等积极的情绪能增强大脑的功能状态，增强人的免疫功能，另外还可以缩短人际间的心理距离，有助于建立良好的人际关系。而紧张、愤怒、沮丧等消极情绪会降低大脑功能，使人的活动效率下降。同时，还易引起内分泌失调，也不利于人际关系。

在你跌入人生低谷、心情低落的时候，总会有人真心地对你说：要坚强，而且要快乐。坚强是绝对需要的，但是快乐，恐怕太为难了。但是，至少应该做到内心平静，让情绪稳定下来，才能理智地看待，很好地处理，从而走出低落情绪。

心灵箴言

天才人物常常被一种无法抗拒的冲动吸引到一个职业上去。

——[英] 瓦特

惟有民魂是值得宝贵的，惟有他发扬起来，中国人才有真进步。

——鲁迅

自觉心是进步之母，自贱心是堕落之源，故自觉心不可无，自贱心不可有。

——邹韬奋

你要了解革命是什么吗？称它为进步就是了。你要了解进步是什么吗？管它叫明天就是。明天一往无前地做它的工作，并且从今天就已经开始做了，尽管变幻离奇，它从来不会不到目的。

——[法] 雨果

时刻冷静，别让愤怒冲昏了头脑

故事话题

科罗拉多州立大学的心理学家杰尔·德芬巴切曾向人们提出忠告：愤怒对司机来说是非常危险的。

AAA 基金会是一个有关交通安全的组织。根据该组织的保守估计，在 1990 年到 1996 年期间，全美由于“马路愤怒”导致的死亡人数有 218 人，伤 12000 人。更让人心惊的是，这些数字正以每年 5%～10%的速度增长。由此可以得出结论：只要出现在公路上，生命就会在很大程度上掌握在其他人的手里。

“马路愤怒”和一个人的驾车技术或公路的情况没有多大的关系，而是开车人的心态造成的。据德芬巴切博士的研究，爱发火的司机有以下特点：

他们非常爱对别人开车的情况进行评论。

他们对别人的开车方式表示不屑。

他们经常考虑怎样报复让他们不满的其他司机。

他们开车更爱冒险，如超速、来回换车道、近距离尾随其他车辆、闯红灯等。

他们每天都会有生气的时候。

他们很可能在开车之前就已经心里有气。

他们倾向于把愤怒发泄出来，比如大声吼叫、使劲摁喇叭、用手指着别人、紧紧地尾随其他车辆等。

总的来说，他们的情感自控力较弱，倾向于冲动行事。

生活中很多所谓的“意外事故”其实并非意外的天灾，坦诚地面对自己和自己驾车时发火的习惯，就能够保证自己的安全，也是对同行的人负责。

故事解析

在机动车为主要交通工具的现代社会，因为一些情商严重不足的司机，催生了许多人间悲剧。而这类问题最好的解决办法是通过心理治疗的途径，推行易做有效的情绪管理方法。

情绪是由生理唤起、认知解释、主观感觉和行为表达这四部分组成的过程。生理唤起是指情绪产生的生理反应，不同情绪的生理反应模式是不一样的，如满意时心跳节律正常，恐惧或愤怒时心跳加速；认知解释就是对时间和感觉的解释；主观感觉是个体对不同情绪的自我感受；情绪的外部表现通常称为表情，包括面部表情、姿态表情和语调表情。

1980 年，普鲁特奇科博士总结出情绪轮模型，8 类基本情绪：喜悦、信任、害怕、惊讶、难过、厌恶、生气和盼望，各自对应一种颜色，颜色深浅代表不同强度；对立的情绪位置相对，相邻的情绪则结合成为更高级的情绪。对这些情绪能够感知和辨识，是情商的前提，也正是情商开发的起点。

故事穿越

有两个大学同学，一个是标准的富二代，对老师，对同学都舍得花钱，业余生活丰富，有眼界，人缘超级好。另一个来自偏远地区，条件非常艰苦，他千辛万苦考到大城市读大学，一直很努力，没课的时候一定在自习室苦学。但因为他情绪起伏不定，常和他人发生矛盾，所以，几乎没有朋友。

毕业的时候，条件艰苦的朋友不顾别人的劝阻，把富同学当作超越的目标。但现实总是残酷的，N年过去了，条件艰苦的同学至今还在大城市为了房子焦头烂额，而富同学早已实现财务自由。

一次同学聚会的时候，大家问富同学业余有什么娱乐活动，他回答自己和妻子都喜欢简单的生活，唯一的娱乐活动就是旅游。国外那些值得一去的好地方他去了大半。在他看来，地球其实并不大，几年下来，就可以把红旗插到地图上很多地方。

条件艰苦的同学把这些话看作灾难。整个聚会过程中，他脸色铁青。他的脑中盘旋着现在流行的一句话："奋斗了十年，为什么我还是不能和你坐在一起喝咖啡……"

故事微语

只是受制于表面的虚荣，就会被盲目的攀比拖入痛苦的深渊。一开始的基调就定错了，因为那是基于愤怒情绪的误导。

如果因情绪低落而导致抑郁，应该检查一下人生目标和价值，检查一下你是怎样消磨时间的。反复出现低落情绪的一个重要原因是：你实际做的事情同你真正看重的事情不相称。这种不相称本身并没有明确表现出来，都表现为笼统的抑郁情绪，心情压抑的人是怎么也高兴不起来的。

有的人因思虑过多，而把自己的人生复杂化。明明是活在现在，却总是对过去念念不忘，对未来忧心忡忡。他们坚持携带着过去、未来与现在同行，人生也总是拖泥带水。这样的人生也不可能轻松、积极和快乐。从心理学角度看，痛苦就是欲望受到了打击，之所以会产生心理疾病就是因为把自己的精力投错了地方，只有解放心灵才会变得轻松快乐。

一个人想要掌控自己的情绪，就不要自设陷阱，不要画地为牢，不要作茧自缚，而要从自我心中走出情绪陷阱，走向自我发现。

心灵箴言

不管发生什么事，都要冷静、沉着。

——[英] 狄更斯

在夜幕下的火光中你认为美丽的东西，也应该在朝阳东升之时再冷静地看看它。

——[德] 英贝尔

一味的勇猛精进，不见得就有造就；相反，在平淡中冷静思索，倒更能解决问题。

——王小波

人生像攀登一座山，而找山寻路，却是一种学习的过程，应当在这过程中，学习笃定、冷静，学习如何从慌乱中找到气愤根源。

——席慕容

学会释怀，打扫内心世界的尘埃

故事话题

美国耶鲁大学的新生入校之后，都要有心理学教授上一堂这样的课。

大家都以为，教授上的课大概就是教育大家正确认识耶鲁的历史和文化，正确摆正自己的心态等等。教授来了，只把一瓶装满牛奶的奶瓶放到了讲台的边沿。

大家正在疑惑的时候，教授说话了：“大家一定认识这个器皿和器皿中的液体？”大家犹豫着回答：“是奶瓶和牛奶。”

“对，完全正确，就是一个奶瓶和一瓶牛奶。”教授肯定地说。

大家都很安静，也很纳闷。这个时候，教授突然大声说：“大家一定不理解，现在请同学们认真看。”

说着的时候，教授突然用手使劲一推牛奶瓶，奶瓶应声落在讲台下的地板上。打翻的牛奶瓶立刻碎了，牛奶洒了一片。教授问大家：“大家看到了什么？”

同学们毫不犹豫地齐声回答：“奶瓶打碎了，牛奶洒了！”

“完全正确。”教授很满意地说。

这个时候，教授满脸严肃地对大家说：“这正是今天这堂课的核心课题。我想告诉大家的是打翻的奶瓶中牛奶已经洒光了，奶瓶已经碎了，不管大家怎么可惜、心疼、抱怨，都已经没有办法救回一滴牛奶，更没有丝毫办法修复奶瓶。现在大家要做的，就是动动脑子，想想以后怎么避免类似的事情发生，尽力寻找不让奶瓶打翻的办法。而且，我们还要学会立刻忘掉打翻的奶瓶这件事，开始关注下一件事情。”

故事解析

世界名校耶鲁，就是以这样的一堂课开始学生的耶鲁之旅的。无数的耶鲁学子也往往这样回忆自己的第一堂课：多少重要的课程都忘记了，但是这一堂课却没有忘记。这堂课对大家的作用，超过了任何一次重要的课堂。因为大家从此明白了一个重要的人生道理：尽最大可能不去打翻奶瓶，万一不小心打翻了奶瓶，就立刻忘记这件事，开始关注新的事情。

其实这节课更重要的意义是后者，就是释怀过往，重新开始。进入耶鲁大学这样一个全新的环境，师长们希望新生都能够放下已经拥有的一切，完完全全以一个新生儿的姿态来感受新的生活。只有这样的心态才能够保证最好的大学生活效果。

每当经过一个时段，人的情绪必然会积攒很多不必要或负面的尘埃，形成前进的包袱，造成压力，减缓甚至停滞进取的速度。而人生的旅途还很漫长、曲折，必须找到办法恢复自己情商的正常，保持良好的进取姿态，坚持追求。

故事穿越

脾气不太好的乔布斯人缘并不好，但在力邀百事公司总裁约翰·斯卡利跳槽苹果时，却表现出了超高的情商。

当时，乔布斯认为斯卡利是他为苹果找到的最佳总裁人选，但出于搬家、薪酬等等的顾虑，斯卡利一直回绝乔布斯的盛情，直到两人在纽约的一次会面。

乔布斯知道斯卡利自视很高，所以这样对他说：“我真的希望你能来和我并肩战斗，我可以跟你学到很多东西。”斯卡利被乔布斯的话打动了。但他还是把乔布斯带到大都会博物馆，在两人共同爱好的艺术方面考验了乔布斯，以确信他是一个聪明的学生。

在随后的聊天中，斯卡利告诉乔布斯，如果不进入商界，自己本应该是个艺术家。乔布斯回应说，如果不干上电脑这行当，他想象自己可以是个巴黎的诗人。

尽管两人越谈越契合，但对于加盟苹果公司，斯卡利还是有一丝犹豫：“我真的很喜欢你的事业，一想到就非常兴奋，但我没理由转换行当。我很乐意当你的顾问，帮你的忙，然而我不可能跳槽到苹果公司去。”

随后，斯卡利就听到了这段乔布斯的经典名言：“你是想用后半生卖糖水，还是想有一个机会改变世界？”斯卡利顿悟自己很可能成为平庸的一员，他毅然接过乔布斯递给他的利剑，开始了焕然一新的征程。

故事微语

很多时候，因为贪图安逸，情感变得粗钝，心灵逐渐蒙尘。斯卡利对于加盟苹果，最大的顾虑就是不舍已经拥有的稳定生活，他不想再鼓起劲头重新开始。然而，当乔布斯的那句名言放出来后，他终于能够对以往的成功、幸福释怀，清除内心世界的尘埃，重新焕发出生命的光芒。

情绪管理的一个重要方法就是勇于放下，不再背负曾经的美好与沮丧、安逸与颠簸，让生命回复最初的生机勃发，迸发出更大的光辉与能量。

高情商者都是敢于经常释怀的勇者，无论过去多么光荣或不堪，既然决定远行，就清减行囊；如果决定开始，就把一切遗忘，心胸总是志气满满、轻松快乐，人生之路将无尽延长。

心灵箴言

幸福在于爱，在于自我遗忘。

——周国平

再美好也经不住遗忘，再悲伤也抵不过时间。

——席慕容

不是谁离开了谁就无法生活，遗忘让我们坚强。

——安妮宝贝

遗忘是一般刚强的、有创造力的人的法宝，他们会像自然一样的遗忘，自然界就不知道有什么过失，弱者不是把痛苦作为惩前毖后的教训，反而在痛苦中讨生活，浸在里头，天天回顾以往的苦难，折磨自己。

——[法] 巴尔扎克

第三篇

应对能力：兵来将挡，水来土掩

简单地说，情智就是感知、理解、表达、管理情绪和情感的能力。情商，则是测量情智的商数，就如同智商是测量智力的商数。情商，能够帮助我们有效地应对生活中发生的各种情形，特别是种种的不如意。

敏捷思维，应对一切突发事件

故事话题

1991 年 10 月底，时任中国国家主席的杨尚昆来到了德黑兰。这是继三个月前李鹏总理访伊后中国领导人再访伊朗。主席与总统的会谈很顺畅，随后，宗教领袖哈梅内伊提出与杨主席见面。

哈梅内伊会见客人都是席地而坐。为了尊重对方，7 月份李鹏总理就曾经盘腿坐在了地毯上，可是站起来时，两条腿都发麻了。而当时杨尚昆主席已经 86 岁高龄了。

华大使建议拒绝，但杨尚昆主席却愿意试试。在主席下榻的房间内，钱其琛外长、华大使和几位警卫人员一起帮助他练习，可是，不要说坐，连蹲都十分困难。

钱外长指示华大使与伊朗总统府典礼局长交涉，希望能安排椅子，但三次均被断然拒绝。最后华大使说：“既然你们有困难，我们也有困难，那么这次就不见了。”

典礼局长马上向上级作了汇报，没多久他回复说安排座位的可能性是 99%。大使回应，如果出现了那 1%，主席不会坐下来谈的。

会见那天，果然只有一块地毯。尽管哈梅内伊很殷勤，杨主席只能说：“对不起了，我年纪大了，坐在地上很困难，这次咱们就见个面，以后有机会再谈吧……”这件事成了外交史上一次空前绝后的“三无”会见，没有会谈，没有记录，也没有座位。

此后，伊朗方面终于妥协了，宗教领袖再会见外国元首的时候，座位都换成了椅子。那位态度非常傲慢的典礼局长消失了。

故事解析

外交工作实质就是人际交往，最考验情商。在这个故事里面，对于出现的困难，我方外交人员作出了积极又有原则的处理，既圆满完成外交工作，又维护了自己的利益与尊严，纠正了对方的一些不当做法。创造出外交史上的典型案例。

1990 年第一个提出“情智”概念的约翰·梅耶和彼得·萨洛维博士，把它界定为“准确识别、评价和表达情绪情感的能力，通达或产生适当情绪情感以促进思考的能力，理解情绪情感及其知识的能力，管理情绪情感以推动情绪情感与智力的成长的能力”。

具体包括五大类能力：识别、理解各种情绪和情感，并能非破坏性地表达它们的能力；理解他人的情绪和情感，并能本着协作的态度与他人建立关系的能力；有效管理和控制情绪情感的能力；管理变化以及由变化引起的情绪情感的能力，适应并解决个人以及人际关系问题的能力；保持积极心态并自我激励的能力。

最考验一个人情商的，莫过于危机事件了。在突如其来的压力之下，首先要做的，就是处变不惊地管理好自己的情绪，这样才可能做到急中生智、沉着应对，避免可能的灾难，甚至变害为利，从中赢得机会。不然，惊慌必然失措，失措必然窘迫。

情商，能够帮助我们有效地应对生活中发生的各种情形，特别是种种的不如意，让情绪为你所用，而不是跟你捣乱。

故事穿越

千年古刹显密圆通燃灯寺，坐落于河南省西峡县城的寺山国家级森林公园内。古往今来，这里发生过很多有趣的故事。

曾经有一位将军到燃灯寺进香，之后，被人前呼后拥来到禅房。方丈永济大师正在闭目静坐参禅，未能热情迎接。将军怒气冲冲问大师："和尚，你可知我是谁！"永济大师不卑不亢："施主战功赫赫，名扬天下，谁人不知。"

"那怎么置若罔闻?！我在疆场叱咤风云，见多识广，你却只会唯唯诺诺，吃斋念佛，有什么资本藐视我！"

永济大师等将军说完，向他行了个礼："将军能否容老衲为您讲个故事?"

将军沉吟片刻，傲慢地点点头。

永济大师讲述了这样一个故事：在一座大山里面，一只老虎在树下休息，看见一只蚂蚁在匆匆忙忙赶路。它便问蚂蚁："你个小虫，没有看到大王在此吗！也不叩拜，兀自去哪里啊?"

"大王您有所不知，山那边有美丽的森林，古树参天、繁花朵朵，我要搬到那里生活。"

老虎哈哈大笑："你要翻山，开玩笑吧！我去还差不多。"

"这可不一定，我风餐露饮，日夜兼程，肯定没问题。"

两人说着便一同进发。老虎带着蚂蚁很快爬到山顶。山的背面是万丈悬崖，老虎止步不前，而蚂蚁却跳下虎背，继续前进，如愿进入新生活。

永济大师讲完故事慨叹："虎是庞大，但也有不能踏足之地；蚂蚁虽小，却无处不可及。"

将军满脸惭愧，向大师拜别："谢谢您的教诲，请原谅我的冲撞。"

故事微语

永济大师临危不乱，还能够从容不迫、条理清晰地讲故事，应变能力了得。

高情商者面对失败或颓势时，不会慌了手脚而大发雷霆，而是试着将注意力放在积极的想法上面，把困境变为重建基础。

情商专家们总结出一个经验法则：在所有领域的所有工作岗位上要取得胜人一筹的成就，情商所起的作用都比智商重要两倍。

更出人意料的是，即便在通常被认为是靠智力角逐的科研领域，这个法则也同样适用。美国加州大学伯克利分校从20世纪50年代开始了一项持续40多年的研究：对主修自然科学的博士班学生作深入的IQ测评和人格测评，并由心理学家通过谈话的方式评估他们的情绪平衡、成熟度、个人完整感和人际关系等特质。40多年以后，这些被研究的对象都已经六七十岁了，研究者以资历、在同行业中的声望以及《美国科学界名人录》等评估他们的成功程度，结果发现：情商能力对于其成功的重要性，竟比智商还要高出4倍！

智商固然重要，但仍取代不了情商，只有在智力与情商的综合作用下，才能有所成就。

心灵箴言

性格的单纯不会妨碍智力的敏锐。

——[美] 约翰·莫里

人们称那种马上想到该做什么事的人为最聪明的人。

——[古罗马] 西塞罗

真正的聪明人能感觉到那些其他人仅仅知道的事物。

——[法] 孟德斯鸠

我们的深思熟虑可能会枉费心机，知识的获得一半靠快取而非慢拾。

——[英] 蒲柏

幽默谈吐，化解尴尬的最佳利器

故事话题

周恩来是中国革命的先驱者，新中国成立后，他一直担任总理长达26年，兢兢业业，殚精竭虑，在政治、经济、外交等很多领域作出奠基性贡献。在外交工作中，他以幽默风趣、反应敏捷著称。

1971年，对中美关系破冰作用巨大的基辛格博士在访华期间提出一个要求，他希望能用地球上没有的东西交换马王堆一号汉墓发掘出的木炭。周恩来问什么东西？原来是首次登月的阿波罗一号宇宙飞船带回的月土。

周恩来却笑呵呵地说，那怎么算地球上没有的呢，那是我们的老祖宗脚下的东西。

基辛格很奇怪：怎么，你们古代就有人登过月了吗？为什么不公布呢？到底是怎么回事？

周恩来说，我们早就有嫦娥奔月的传说，还在月亮里建有广寒宫，养着玉兔，你应该知道的啊。

基辛格反应过来，哈哈笑了。就这样，周恩来成功地拒绝了对方。

50年代初，一次在中南海勤政殿设宴招待外宾。中国菜花样繁多，风味独特，客人们赞不绝口。汤上来了，里面的冬笋、荸荠都被雕刻成图案，但是冬笋片翻过来，背面是纳粹的标志，客人们惊呆了。

周总理也很意外，但他随即反应过来，解释道："这是我国传统的吉祥图案，读作'万'，福寿绵长的意思。"接着又说："就算是纳粹标志，那我们正好把它吃掉嘛！"大家都高兴起来，汤被喝得精光。

因为周恩来强大的个人魅力，新中国的外交工作卓有成效，很快在世界上确立了牢固的地位。

故事解析

周恩来外交工作的一大特点就是幽默，这已经是人们的共识。外交工作特别考验应对能力，情商高低，而做到这一切，需要有深厚的学识、敏锐的洞察力、积极的行动力等做保证。

当幽默形成稳定的人生态度，就是一种强大的力量。幽默是情商的一种表现，帮助人们化解危机，度过窘境，用宽容轻松的心态看待人生。

在多变复杂的社会，面对尴尬局面通常人们有三种表现：

颜面扫地，恼羞成怒，直接与人冲突；忍住怒气镇定情绪维持局面；将尴尬一笑带过，把危机变成转机，宣扬自己情商与风度。

三种做法中，一定要克制自己防止第一种情况的发生；努力做第二种人；通过刻苦地学习知识、增加见识，迈向第三种人。很显然，第三种，能够用幽默的方式化解尴尬的是比较理想的。

幽默是通向成功的捷径。

故事穿越

集诗、书、画和文物鉴赏于一身的启功，是享誉国内外的专家学者，劣品和赝品总逃不过他的目光，但对个人的作品从不看重。

有个铺子是“造假作品”的专卖店，标价不高，有人看了问店主：“是真的吗？”店主也挺痛快：“真的能这个价钱吗？”

启老听说了这件事，就来到这个铺子，一件一件看得挺仔细。有人认出他就过来问：“启老，这是您写的吗？”启老听了，微微一笑说：“比我写得好。”在场的人全都大笑了起来。

过了一会儿，启老又改口了：“这是我写的。”事后他解释说：“人家用我的名字写字，是看得起我，再者，他一定是生活困难缺钱，他要是找我来借钱，我不是也得借给他？”

启功先生撰文称赞明代文徵明、唐寅等人，说当时有人伪造他们的书画，他们不但不加辩驳，甚至在赝品上题字，使穷朋友多卖几个钱，让那些穷苦小名家得几吊钱维持一段生活，而有钱人买了真题假画，损失也不会多么大。这观念虽不合知识产权保护法，却体现出启功一向的仁者情怀。

人称“国宝”的启功先生最怕虚度时光，常常砥砺自己要在有限的生命时光中，做出更多的贡献。然而，慕名上门求字画者络绎不绝，他又不忍拒绝，便在不希望被打扰时挂出牌子：“大熊猫病了！”来者看到不但不失望，反而会莞尔一笑。

故事微语

启功先生德高望重，而又谦虚低调，博学多闻，所以能具有幽默、大度的生活观。

真理是幽默的根源，真理孕育了常识，掌握很多常识的人通常会机智，机智的人再拥有乐观的心态，那么他的言行举止就很容易产生幽默的效应。

所以说，幽默这个美妙的情商元素需要坚实的文化、知识、智慧做根基，并不是轻易能具备的。

幽默是人生的最高境界，是人人趋之若鹜的。当一个人的智慧、自信的品格、适应环境的能力达到相当的高度时，他才能自如地掌握幽默。然而那并不是终点，想要长久地拥有幽默，就要不断地修炼自身的素养，永不停息。

心灵箴言

幽默是真正的民主。

——[美] 罗·安·约翰逊

幽默是生活波涛中的救生圈。

——[俄] 拉布

自由产生诙谐，诙谐也产生自由。

——[德] 让·保尔·里希特

幽默是绝不肯正经其事的荒谬感。

——[希腊] 乌锡尔

幽默乃是尊严的肯定，又是对人类超然物外的胸襟之明证。

——[英] 罗曼尼·葛瑞

大智若愚，装傻也是一种策略

故事话题

威廉出生在美国一个小镇上。镇上孩子不多，由于威廉平时沉默寡言，几乎没有小朋友跟他一起玩。更糟糕的是，有人认为威廉不仅不会讲话，而且很笨。其中以怀特先生尤甚，称威廉是天下第一大笨蛋。有人不同意，怀特决定用事实来证明。

怀特一帮人把威廉找来，在台上放了两枚硬币：一枚五分，一枚一角。

“威廉，你要哪一枚，随你挑，挑中了就送你。”怀特很大方地说。一群人眼睛都盯着威廉，看他怎样反应。

威廉毫不犹豫地拿了一枚五分硬币，“我要这枚。”

威廉话音未落，人们哄笑起来。

“你们看到了吧，”怀特先生大声说，“一角不拿，拿五分，威廉脑子进水了，现在你们信了吧！”

“威廉脑子进水了！”镇上一下子传开了，更多的人取笑他。

有一个老奶奶非常同情威廉，为他愤愤不平，她偷偷地把威廉找来。

“小威廉，一角钱是五分钱的一倍，这么简单的算术你应该懂，为什么不拿多的呢？”

“我知道。”威廉笑笑回答老奶奶，并拿下了搁板上的储蓄罐给奶奶看，里面装了满满一罐五分硬币，“奶奶，如果我拿一角硬币，这一次是多了，但再也不会有第二次。”

奶奶看着威廉眼中闪着狡黠的眼神，又看看满满一罐硬币，发现这是一个聪明过人的孩子。将来一定是一个干大事的人。

他就是美国第九任总统——威廉·亨利·哈里逊。

故事解析

威廉是典型的大智若愚型人，看似毫无情商、智商，实际心里面有自己的小九九，赔赚清楚得很。

明代大作家吕坤在《呻吟语》中写道："愚者人笑之，聪明者人疑之。聪明而愚，其大智也。夫《诗》云'靡哲不愚'，则知不愚非哲也。"其意思是：愚蠢的人，别人会讥笑他；聪明的人，别人会怀疑他。只有既聪明但是看起来又愚笨的人，才是真正的大智者。

大智若愚的人，憨厚敦和，平易近人，虚怀若谷，不露锋芒，甚至有点木讷，有点迟钝，有点迂腐。大智若愚的人，宠辱不惊，遇乱不躁，看透而不说透，知根却不亮底。大智若愚的人，大智在内，若愚在外，将才华隐藏很深，给人一副混沌无知的样子，实际上，他们用的是心功。从情商角度说，大智若愚的人也呈现出里外不一的奇妙特色。

大智若愚是基于东方传统文化而催生的一种智慧人生境界。达此境界者，退可独善其身，进可兼济天下。常研习大智若愚术，你的人生之路必将充满鲜花与温暖。

故事穿越

温莎公爵即爱德华八世，自 1936 年 1 月 20 日其父驾崩至 1936 年 12 月 11 日主动让位，他当了不到一年的英国国王。是唯一自愿退位的英国君主。

温莎公爵曾经主持了一个招待印度当地居民首领的宴会。在宴会结束的时候，侍者为每个客人端来了洗手盆。让人想不到的是：当印度客人看到那精巧的银质器皿里盛着亮晶晶的水时，便以为这是英皇室的待客之道，于是端起来一饮而尽。这一举动，让英国贵族都目瞪口呆，不知如何是好，只是愣愣地关注着温莎公爵。

温莎公爵神色自若，不露声色，一边继续与客人谈笑风生。一边也端起自己面前的洗手水，自然地仰起头来一饮而尽。于是，大家也都纷纷端起了自己面前的洗手水。仿效着温莎公爵，宴会在热烈而又祥和的气氛中取得了预期的成功。

在英国宫廷礼仪之中，自然是不能把洗手水喝掉的。而印度首领在没有了解风俗的情况下，冒失地喝掉了洗手水。作为主人，温莎公爵并没有"聪明"地指出他们做法的不妥，而是装了糊涂，跟着将洗手水喝下，避免了印度首领的尴尬，使宴会在和谐的气氛中进行，取得了预期的成功。

温莎公爵一个"糊涂"的做法，彰显了自己高贵的品格与风度，树立了良好的个人形象，营造了和谐的氛围。他实在是一个会装糊涂的聪明人，可谓大智若愚。

故事微语

温莎公爵是“智可及，愚不可及”的类型，所谓的“愚不可及”，就是说他“糊涂”的智慧常人不能赶上去。常言道：难得糊涂。其实，有时候装糊涂是一种达观，一种洒脱，一份人生的成熟，一份人情的练达。

现在的人，唯恐自己不聪明。可是，很多人却忽略了“糊涂”的智慧。苏东坡曾说：“人皆养子望聪明，我被聪明误一生。唯愿吾儿愚且鲁，无病无灾到公卿。”

其实，正如郑板桥所说，“聪明难，糊涂更难，由聪明而转入糊涂更难”。有时装装糊涂，行行宽容，这是一种与人相处的方式，也是一种生存策略，是高情商者。这样的人，可称为“大智若愚者”。

大智若愚既表现在人的面部表情上，也表现在人的行为举止上。大智若愚的人给别人的印象是，即：时常笑容满面，宽厚敦和，平易近人，虚怀若谷，不露锋芒，有时甚至显得有点木讷，有点迟钝，有点迂腐。但我们需要切记：若愚者，即似愚也，而非愚也。因此“若愚”只是一种表象，只是一种策略，而不是真正的愚笨。

心灵箴言

大成若缺，其用不弊。大盈若冲，其用不穷。大直若离，大辩若讷，大巧若拙，其用不屈。

——老子

聪明难，糊涂难，由聪明而转入糊涂更难，放一着，退一步，当下心安，非图后来福报也。

——郑燮

我这个人是这么一个怪人，我是一个矛盾体，我有时候看事看得很清，有时候自己看不清，很糊涂。

——周汝昌

郭暖尝与升平公主琴瑟不调。尚父拘暖，自诣朝童结罪。上召而慰之曰：“谚云：不痴不聋，不作阿家阿翁。”

——赵璘

挑准时机，天时地利人才和

故事话题

在中国历史上有两次名副其实的大分裂，一次是南北朝，另外一次就是五代十国。赵匡胤作为五代十国的终结者，重新恢复了华夏主要地区的统一，结束了安史之乱以来长达200年的诸侯割据和军阀战乱局面。

赵匡胤心地清正，嫉恶如仇，宽仁大度，虚怀若谷，好学不倦，严于律己，崇尚节俭，以身作则等等，这是他创造兵不血刃夺取政权的根基所在。

公元960年正月初一，风闻契丹和北汉发兵南下，后周执政大臣范质等人匆忙派遣赵匡胤统率诸军北上抵御。

正月初二，大军离开都城，夜宿距开封东北20公里的陈桥驿。这天晚上，赵匡胤的一些亲信在将士中散布议论："今皇帝幼弱，不能亲政，我们为国效力破敌，有谁知晓；不若先拥立赵匡胤为皇帝，然后再出发北征。"将士的兵变情绪很快就被煽动起来。

正月初三，赵匡胤的弟弟赵匡义和亲信赵普见时机成熟，便授意将士将一件黄袍披在假装醉酒刚刚醒来的赵匡胤身上，并皆拜于庭下，呼喊万岁的声音几里外都能听到。

赵匡胤一副被迫的样子说："立我为天子，能从我命则可，不然，我不能为若主矣。"拥立者们一齐表示"惟命是听"。于是赵匡胤率兵回师开封。

守备都城的主要禁军将领石守信、王审琦等人都是赵匡胤过去的"结社兄弟"，得悉兵变成功后便打开城门接应。

赵匡胤不动一兵一卒，开创了和平安宁的新环境。

故事解析

赵匡胤轻而易举地龙袍加身，正是顺应了天运，成为时势造就的英雄，为人称道。

机遇是成功的敲门砖，如果不能及时抓取，成功永远不可能。有机遇就有成功的可能，掌握了机遇就是拿到了成功的金钥匙。

不要相信机遇会一而再再而三，成功的智慧体现在情商所包含的强大行动力，发现就及时把握，不犹豫不迟疑，才是真正的幸运。

每个人的机遇是相等的，有人很快成为成功人士，跃居生活上游乃至领先，而大多数人却因为轻易放走机遇，而一生庸庸碌碌。

市场经济的浪潮下，最瞩目的明星当属财富排行榜上的前列各位，而在他们的发家史中都有机遇垂青时激动人心的时刻。机遇只给做出最好准备的人，加强自己情商素质的锤炼，配合积极刻苦，你将是下一个机遇青睐的人选。

故事穿越

中学时代的高博就是文艺活跃分子，1998 年，北京广播学院到他所在的包头市第一中学招生，他一看招生简章就乐了：嘿，这不就是来找我的吗？

高博顺利考入了北京广播学院播音主持专业。2000 年，他报名参加了《挑战主持人》的比赛，获得了金奖。这次成功为他赢得了不少机会。

大学毕业高博考进中央电视台。台里安排他做旅游节目的外景主持人，虽然不情愿，他还是服从了。

很快他就发现，外景主持是锻炼自己能力的最好机会。他开始全身心地投入工作，走南闯北，他从广袤的大自然中领悟了很多。

一晃就是两年半，2004 年 10 月的一天，台里联系高博，想让他主持新节目《今晚》。第二天，高博发走了供上级审查的图像资料。之后在他飞往拉萨拍《黄河入海流》的 40 天里，没有收到任何来自《今晚》的信息。

高博很清楚，《今晚》可能会是他人生中一次非常宝贵的机遇，而台里迟迟没有回音，也很有可能是他没通过审查……此时的高博已经变得豁达和知足，他选择淡忘。

高博毫不分心地完成了《黄河入海流》的录制，是他最为满意的一套片子。节目的最后一个镜头是高博面对黄河，放声高唱：“黄水奔流向东方……”

这一嗓子成了高博在《旅游风向标》中的绝唱。回京的列车刚启动，他的电话就响了——他如愿以偿地成了《今晚》的主持人！

故事微语

2006年，高博在纪念《今晚》一周岁的博客文章中回忆起接到通知的心情，他感慨地写道：“完成最后一个镜头，回京，车子开动，电话响了——最完美的机遇是什么？是善始善终后的展翅。”

有多少人在机遇来临时急不可耐，恨不能舍弃当下的一切去抓住它，不惜给自己正在经历的人生留下缺憾。而只有那些宠辱不惊、不因个人得失而动心的人，才能够在机遇面前淡定从容，善始善终。

机遇，也许是别人给的，但完美的机遇。却是自己创造的。

机遇不是凭空就有的，而是发展到一定程度后的伴随产出物，自己的辛勤耕耘是机遇萌发的土壤，决不能坐等。

机遇总是被朝着理想坚持不懈的人攫取。多多学习、勤于实践、观察，就能找到机会，抓住机会。

机遇来自自身的努力，它的出现很不容易，而对它的把握更难，一旦能够抓到机遇，就要牢牢不放，这是命运给予的回报。

心灵箴言

人不能创造时机，但是他可以抓住那些已经出现的时机。

——[英] 雪莱

一个人不论干什么事，失掉恰当的时节、有利的时机就会全功尽弃。

——[古希腊] 柏拉图

世界上有许多做事有成的人，并一定是因为他比你会做，而仅仅是因为他比你敢做。

——[英] 培根

我发现，大多数人对生活所要求的是拥有选择的机会，这比任何其他的事情都重要得多。最坏的生活可能是没有选择的生活，对新事物没有任何希望的生活，走进死胡同的生活。相反，最愉快的生活是具有最多机会的生活。

——[英] 坎贝尔

顾全大局，小小的牺牲换取胜利

故事话题

1969 年 7 月 16 日，阿姆斯特朗担任指令长，同奥尔德林和柯林斯乘“阿波罗—11”号宇宙飞船，飞向月球。7 月 20 日，阿姆斯特朗操纵“鹰”号登月舱在月球表面着陆，于美国时间当天下午 10 时左右，他和奥尔德林跨出登月舱，踏上月面。

阿姆斯特朗率先踏上月球那荒凉而沉寂的土地，成为第一个登上月球并在月球上行走的人。当时他说的一句话成为名言：“这是个人迈出的一小步，却是人类迈出的一大步。”

登月令人激动，而在这举足轻重的时刻发生的具体情节同样令人称颂。当时，登月舱里有阿姆斯特朗和奥尔德林两个人，在迈步登月的一刻，有一个问题微妙而又不可避免。那就是，谁第一个踏上月面，这件事情的意义两人都很清楚。

就在这个紧要关头，奥尔德林请阿姆斯特朗抢先一步。阿姆斯特朗却拒绝了，他示意奥尔德林先下。奥尔德林却宽慰地说：“登月你先下，返回地球我就当仁不让了。”阿姆斯特朗不忍心独占这项开创先河的荣誉，他还是要求奥尔德林先行一步。

奥尔德林不容商榷地说：“你先下，你将是登月第一人，而我，将是第一个从外星球返回地球的人，我们各占一个先机。”然后他把阿姆斯特朗推下了登月舱。

阿姆斯特朗因为自己的一小步成为人类的英雄，受到无数崇拜与敬仰，而所有了解了事情内幕的人，同样会因奥尔德林的大度将他牢牢铭记。

故事解析

奥尔德林的小小牺牲意关重大，所以特别地令人惋惜，更加凸显出他的伟大。

很多事业都是集体铸造的，个人在其中承担部分责任和义务。当个人的利益与集体利益发生冲突的时候，高情商者总是毫不犹豫地以大局为重，做出个人的小小牺牲。

高情商者在一个集体中会把团队的协同一致作为重中之重，凡事注重团结，最大地发掘集体的潜能。

团队合作已经是完成很多任务的主流形式，每个人都不能避免。培育自己的情商，加强体验、同感他人情感的能力迫在眉睫，否则会寸步难行。

就如同压倒一切的全球化浪潮，国与国之间、人与人之间的发展、胜利都需要相互的协作，互通有无、优劣互补、强强联手等等，为了求取在激烈竞争中的更好发展，合作、共赢的具体样态可谓花样百出，不可穷尽。

故事穿越

三文鱼每四年一次洄游。为什么要洄游呢？是要回去产卵、繁衍后代。三文鱼的卵产下来以后，老三文鱼就把鱼卵藏到石子底下。

鱼卵会被河里的其它鱼吃掉一部分。当鱼卵变成小鱼以后又会被别的鱼吃掉一部分。在湖泊里面它们要生长一年，在这个生长一年的过程中间被天上的鹰、水中的鱼、湖中的人不断打捞，所以每四条三文鱼就只能剩下一条，也就是说四分之三已经没有了。

一年以后这些新生代三文鱼由于体内基因的召唤，开始新一轮的旅程。它们游向大海，沿着太平洋游一圈，差不多需要整整三年的时间。

这三年的经历更加艰难。无垠的海洋里面，凶猛的鱼和其他的动物特别多，再加上人大量地捕捞，所以等到四年以后，能够回到出发河河口的幸存者是游出去的1/10。

而这时候才是它们生命中最为壮观的时刻。河水很急，它们却要拼命地往上游。这个过程没有静止的机会，所以不能吃食补充体能，必须一鼓作气，跃进上游的那一段河流。经常是一天之内的24小时，每条鱼都在拼命，稍有懈怠就要被冲回去，从零开始。

经过一番极限的挣扎，当它们最终回到理想的繁殖地时，它们的身体已经变得浑身发红，几乎不剩什么能量了。这个时候它们抓紧产卵、授精，完成后就双双死去。

故事微语

三文鱼的生命历程带给人震撼。为了能够保证后代基因的优异，它们终其一生不辞辛劳，直至以一代代的牺牲作为种类延绵的代价。

很多人的生命不如一条鱼。为了偷懒，大多数人一辈子只生活在一个地方，生活在一种习惯中间，生活在一种思想的禁锢之下，而没有任何创新、没有任何创意、没有任何激发自己生命的那种动感和令自己感动的生活状态。有限的情商因为缺乏持续的磨砺而日渐消退。

时代的发展日新月异，没有能够安定长久的死水潭，自己不紧追时代进步，必然会沦落至依靠救济、福利的被动、悲惨境地。青少年正处于人生的成长关键期，积极融入每个团体，锻炼自己在其中游刃有余生存的能力，就是为终将面临的社会大舞台做准备。

早一天投入，早一天受益。

心灵箴言

人需要有一颗牺牲自己私利的心。

——[俄] 屠格涅夫

光明的中国，让我的生命为你燃烧吧。

——钱三强

竭力履行你的义务，你应该就会知道，你到底有多大价值。

——[俄] 列夫·托尔斯泰

历史把那些为了广大的目标而工作，因而使自己变得高尚的人看作是伟大的人；经验则把使最大多数人幸福的人称赞为最幸福的人。

——[德] 马克思

第四篇

自我约束：让自己成为佼佼者

人们通常所犯的一个错误，即一味地仰赖外在力量或环境的作用，忘却自身内在的力量。自主性是情商的核心内容之一。它是驱动一个人投入某一活动的源源不断的动力和保证。缺乏自主性的人,必定是坐等命运安排的被动生命；必将是听凭风吹雨打、随波逐流的一叶浮萍。

按部就班，掌握做事的节奏

故事话题

李永波刚进入国家少年羽毛球队的时候，只是一个毫不起眼的无名小卒。那时候，队里的主力队员都是以脚步移动速度快、爆发力极强的特点，在各种大赛中取得佳绩。于是，其他队员都开始模仿学习这种技术特点，苦练移动速度和快节奏的打球方式。一时间，队员们在训练场馆里都像一阵阵小旋风刮来刮去。

大家步调一致凸出了李永波这一道特别的风景，他仍旧按照自己的慢节奏进行训练。一段时间之后，一个热心的老队员找到李永波，劝他顺应潮流，以免在以后的比赛中吃亏。可令他意外的是，李永波有自己的理论，他反而劝起了老队员。

李永波说，每个人的天赋不同，优势也不同，有的人在快节奏的运动方式下能将自己的潜能全部发挥出来；有的人只有在慢节奏的运动之中才能做到最好，而自己恰好是后一种人。所以，自己要坚持最适合自己的比赛节奏，不会为了急于求成轻易改变。

经过一个漫长的积累经验和能力的过程之后，李永波已经完全掌握了最适合自己的比赛节奏。即使在喧闹的赛场上，他也能始终坚持着自己缓慢而充满智慧的打法。因为李永波的坚持，对手常常一不小心就不由自主地慢了下来，被带入到了他的慢节奏之中，被他牵着鼻子打，李永波在赛场上取得了越来越多的成功，在一系列的大赛中取得了骄人的战绩，最后更是成了享誉世界的羽毛球大师。

故事解析

李永波成功的关键在于把握了适合自己的节奏，并且顽强地坚持。他对适合自己的节奏抱有坚定的恒心，能够抵制其他方式的诱惑。作为一个新手，能够在一个优秀的环境里不为所动，坚持以自己的节奏跳动，李永波的毅力、情商也是很出色的。

每个人都是生命的舞者，只是大家跳的舞蹈有所不同罢了。你既然最适合跳舒缓优雅的芭蕾舞，那么就别去勉强自己尝试激情快速的探戈，因为每个人都有最适合自己的人生舞步。有人快，有人慢，最关键的不是哪种舞步现在最流行，而是哪种舞步你最能掌握好。与其去羡慕别人精彩的舞姿，不如坚持最适合自己的节奏，跳出最适合自己的舞蹈。

人生舞步，需要掌握节奏。有人少年成名，有人大器晚成，有人节奏快速，有人步伐缓慢。掌握好最适合你的节奏，迟早都会跳出最惊艳的舞姿。

故事穿越

在日本一切都是按部就班。生活几乎都是按照分钟的刻度来制定的。出门的时间、回家的时间、预约看病的时间、和他人碰面的约定时间……虽然不能说分秒不差，但误差前后一般不会超过5分钟。

在日本，车站的每一个站台、所有的超市，学校的每一个教室……显眼位置都设有时钟。由于对时间的感觉精细，讲究事情的计划性和效率，半个小时也是很有长度的一段时间，而时间的错位会让人感到不安和烦躁。

如果孩子在预定的时间没有回来，家长就会以5分钟的间隔扫视客厅墙上的壁钟，脑子里开始可怕的想象和担忧。

日本电车运行的准确精度在世界上是屈指可数的，乘电车上下班的家庭成员不能按时回家的原因，一定是由一个异常事情的发生所造成的。

除了一天中的时间安排准确无误之外，对一个月、半年、一年的安排也是早早就有了计划。日本全国一年中有5月、8月和12月底至元旦的三个长假，通常都是过了年就开始考虑5月黄金周的去处，休息时制定下次休假的计划。

平时，一次普通的聚餐也要早早预约，如果一个聚会一星期前才开始找地方，多半会因为没有场所而泡汤。

日本社会如同一部运转的大机器，作为社会的一个元件，每个人体内也自然形成了与这部大机器协调一致的生物钟，日复一日，年复一年，井然有序的生活成为习惯。

故事微语

日本能够在二战后迅速崛起，应该与全民的超强时间观念息息相关。时间观念也是情商的内容，高情商者通常都是驾驭时间的好手，所以成功会更倾向于眷顾他们。

稳定的节奏就是心智的成熟，是心态的平和，是崇高的境界。在人际沟通中，每个人都有他自己的独特故事要讲，而且每一个故事讲起来都有它自己的节奏。这时，表达同理心的方式就是，允许对方按他自己的快慢把故事讲完，同时，让我们沉浸在他的故事里，提供他需要的帮助，感恩自己能参与到这个体验里。在这个过程中，我们的角色不是引领而是跟从，不是主导而是参与，不是一锤定音而是保持双方想法的持续交流。

确定自己行为的节奏，保持身心相对稳定的状态，工作、生活都会有同样的良好改变。

心灵箴言

文章最要节奏。

——刘大櫆

天有常道矣，地有常数矣，君子有常体矣。

——荀子

节奏，这是诗的基本的力量，基本的动力。

——[俄] 马雅可夫斯基

对节奏的敏感，正如一般的音乐能力一样，是人类的心理和重量本性的基本特质之一。

——[俄] 普列汉诺夫

少说多做，沉默也是一种武器

故事话题

有一位老教授说起过他的经历："在我多年来的教学实践中，我发觉有很多在校时资质普通的学生后来反而更成功。在学校时他们的成绩大多在中等或中等偏下，并没有什么特殊的天分，他们所拥有的只是安分守己的诚实性格。这些孩子走上社会参加工作后，在工作中总是说得少做得多，他们不爱出风头，只是在默默地奉献着自己。他们普通得不能够再普通，甚至在毕业分手后，老师和同学都不太记得他们的名字和长相。但是，在毕业几年或十几年后，他们却能够带着成功的事业回来看望老师。而当时在学校时很多被认为会有美好前程的学生，却往往是一事无成，这是什么原因呢？"

后来，老教授通过与同事在一起琢磨与研究后，最终得出这样一个结论：成功与在校成绩并没有什么必然的联系，但成功却与踏实做事的性格密切相关。平凡无奇的人大都比较务实，他们往往都能够自律，会比别人更努力，他们也会因此而获得很多别人渴望得到却总是得不到的机会。

故事解析

教授与同事毕生的经验有事实为依据，可靠无疑。原来成功与踏踏实实做事联系紧密。

要想成就自己，就要谨记这一法则：少说多做，踏踏实实做人！把人生的重点放在行动上，不要让没有实质意义的夸夸其谈浪费宝贵的时间、生命，这是所有高情商者的共识。

少说，就是注重讲话的实效，而不是信口开河，招致是非。多说无益！多做，就是要求我们迅速有效地去工作。面对工作中的每一项任务、每一个细节，我们都要高标准地要求自己：尽自己最大的努力，在最短的时间内把工作做到最好！在工作中，一定要勤恳做事，踏实做人！切不可小看工作中的任何细节，有时候，一件小事往往会给人留下良好的印象，甚至意味着一次晋升的机会。

成功是务实绽开的花朵，只有多做少说、脚踏实地地工作才会取得最终的成功。古语有言：君子三缄其口。古语亦有云：不得其而言，谓之失言。身在职场，如果你要做事成功，如果你想成就一番事业，你就一定要以高标准来要求自己，让自己真正地做到“敏于事而慎于言”。

故事穿越

马西尔斯是古罗马时代的英雄，人们封他为“战神”。公元前 5 世纪，他屡次使罗马城免遭屠戮。他经常在外作战，所以罗马人都不认识他，这使得他成为谜一般的人物。

公元前 454 年，马西尔斯打算角逐最高层的执政官，从而进入政界。按照规定，所有的候选人都必须在选举初期发表公开演说。马西尔斯什么也没说，只是脱下衣服。人们被他身上的累累伤痕感动得泪如雨下，几乎每个人都认定他会当选。

然而，在投票的前一天，马西尔斯在公众场合又作了一次演讲，但他只与那些陪同他来的富有市民交谈，而且一味地吹嘘自己的战绩，人们终于认清了他的本来面目，所谓的英雄只不过是个吹牛大王而已。于是，人们决定第二天不投他的票了。

英雄马西尔斯没有成功转入政界。

故事微语

马西尔斯之前因为完美地履行军人的职责，使人民免遭涂炭，即使他从未与公众面对面，依然被奉为城市英雄。英雄要进入政界，人民原本是大力支持的，特别在看到他满身的累累伤痕之后，但是，他在演讲中偏于富有阶层的倾向让他失去了广大选民的心，在弃戎从政的节骨眼遭遇人生的滑铁卢。

严肃的沉默是力量的积蓄，是信心的强化，是成功的征兆。高情商者都不会急于去表现自己的口才，只有初出茅庐的年轻人会试图通过施展口才来获得别人对自己的好感乃至崇拜。

人生的第一轮竞争是在学校进行的，口才代表一个人的交际本领，是未来发展中重要的一种能力，因此，演讲比赛的获胜者都是英雄。

然而，人生的第二轮竞争是在社会，在这里更注重实际的成果，而口才只是在狭隘的专业领地受到认可。少说话多办事，是最好的处事方法。

心灵箴言

单是说不行，要紧的是做。

——鲁迅

沉默较之言不由衷的话更有益于社交。

——[法] 蒙田

少说些漂亮话，多做些日常平凡的事情。

——[苏联] 列宁

我深信实事求是而不讲空话的人，一定没有许多话可说。

——[美] 爱迪生

低调内敛，隐藏自己的锋芒

故事话题

雍亲王即爱新觉罗•胤禛，康熙的皇四子，就是后来的雍正。康熙四十七年(708年) 夏，康熙第一次罢黜了太子胤礽。在推选新太子的过程中，胤禛支持复立胤礽，同时与皇八子胤禩也保持良好的关系。康熙四十八年(1709年)，复立胤礽为太子。康熙五十一年(1712年) 再次废黜胤礽，自此不再立太子。

康熙废了太子，皇子之间争储的斗争愈发激烈。康熙晚年，储位未定，康熙预感到他死后儿子之间要有一场厮杀，他无奈地教训儿子们说：“将来我百年之后，恐怕我尸骨未寒，你们就把我扔在乾清宫，开始操起刀枪争斗了吧！”

见到父亲如此地反感兄弟之间的争斗，雍亲王没有参加太子党，也没有参加八阿哥党。他的弟弟十四阿哥参加了皇八子党，他也不置可否，不发表意见，只是韬晦自己，不露声色，把自己想谋取储位的内心的想法掩盖起来。

一日，有个叫作戴铎的幕友跟雍正说：“做英明的父亲的儿子难，过分表现，恐怕会引起圣上的怀疑；过分隐藏，恐怕又会被皇上鄙弃。”雍亲王根据幕僚的意见，总结了四条：第一，诚孝皇父；第二，友爱兄弟；第三，谨慎敬业；第四，戒急用忍。

依靠这四条准则，雍亲王内倚理藩院尚书隆科多的特殊地位，外借四川总督年羹尧的兵力，在隆科多宣读的康熙皇帝“传位于皇四子”遗诏的安排下，继承了皇位，次年改年号雍正。

故事解析

能够掩饰真心实意，是高情商者的一大能力。胤禛在激烈的王位争夺中能够隐忍心性，心智十分老练、成熟，故而获得至尊的皇位。

低调内敛，确实是在表演。要在特定的时候低调内敛，避开他人的锋芒，也遮蔽住自己的锋芒，是一门处事哲学。这点经历过的人会有体悟，高调是会吃亏的，有小心眼的人会看不惯，甚至抓住自己说过的话作为把柄来攻击你。所以要低调内敛，这是保护自己，使自己处于不败之地的一种手段。

中国人自古崇尚低调之风。低调，被看作“为人之本”。纵使你才高八斗，学富五车，也不能恃才孤傲，锋芒毕露，否则，便会有“木秀风摧”的结果；相反，凡事都应低调谨慎，不事张扬。????

为人低调，不是对满腹才华的禁闭，更不是对自由性灵的束缚，它似润滑剂，消除内心与外界的摩擦，让我们自由地驰骋于天地；又似缕缕清风，扑面而来，润泽万物，散发人性崇高之美。

故事穿越

孙鑫，1938 年 7 月生，江苏扬州人，1955 届扬州中学校友。扬州中学高中毕业后考取复旦大学，在物理系读本科。1960 年至 1978 年复旦大学毕业后留校当助教、副教授；1979 年至 1983 年，美国西北大学、加州大学访问学者，1989 年至今为复旦大学教授、博士生导师。

中国工程院、中国科学院 2013 年院士增选名单出炉后，新当选的院士孙鑫妹妹家的电话几乎被媒体记者打爆。在接受记者采访时，这位普通的扬州老太颇为哥哥的成就感到自豪。在她的眼里，哥哥孙鑫是一个低调内敛、不计名利，只知道埋头做学问的人。

“我哥哥这人太低调了，他有这么大的喜事居然都没跟我们说，家里人也是通过网络才知道这事的。”

孙老太说，哥哥这次去北京的事，家里人一点都不知道，“他非常低调，平时只知道做学问，对其他事情看得很淡，一心就扑在钻研上。”

回忆起少年时代的孙鑫，孙老太说，他从小就是个爱学习爱钻研的孩子，每天放学后，其他孩子都在外玩耍，而孙鑫就喜欢安安静静呆在家里看书，两耳不闻窗外事，一心扑在书本里，“他虽然是研究物理的，但他并不偏科，对于其他学科也很感兴趣，他的知识很综合。”孙老太回忆，孙鑫对地理也很感兴趣，家里挂着幅地图，随便指个地方他都能一口报出地名，哪怕是再生僻偏远的地方，他都了如指掌。

对于哥哥的当选，孙老太说，孙鑫以前曾获奖无数，依他的性格，他对这些荣誉并不是太在意，“他对个人的得失荣辱并不在意，只要能为国家作贡献就行。”

故事微语

孙鑫院士因为为人处世低调，淡泊名利，所以避免了很多无谓的纷争，受到的干扰很少，能够专心致志于自己的事业，能够顺利获得自己应得的身份、地位。

做人一定要脚踏实地，无论取得多好的成绩，尾巴也不能翘到天上，看不起别人，否则，总有一天会摔得很惨。

遇到问题时向领导请教，与同事携手解决，做出成绩后，先感谢领导的教导，再感谢同事的帮助，把心态放低了，工作就会得心应手，无论个人还是整个部门都能够得到提升。

只有不断地充实自己、完善自己，踏踏实实把工作做好，一定会有所收获。一个人的能力一定是他实际的成果表现出来的，才会被大家共同认可。

心灵箴言

功有所不全，力有所不任，才有所不足。

——宋濂

傲不可长，欲不可纵，乐不可极，志不可满。

——魏徵

当我们是大为谦卑的时候，便是我们最近于伟大的时候。

——[印度] 泰戈尔

大多数的科学家，对于最高级的形容词和夸张手法都是深恶痛绝的，伟大的人物一般都是谦虚谨慎的。

——[英] 贝弗里奇

克制欲望，让视野更开阔

故事话题

靠上春晚成名的赵本山，最清楚暴得大名后会有什么样的心态。

2009年春晚，事先就知道小沈阳一定会火的赵本山，当他们的表演一结束，小沈阳还沉浸在高度兴奋状态的时候，赵本山就在后台语重心长地对小沈阳说："这次上春晚了，出名了，回去以后不能骄傲，往后见到任何观众、啥样儿的观众，都要跟人家客客气气的。越出名，越要谦虚谨慎。"

果然不出赵本山所料，小沈阳一下火了，甚至比师傅都火。他的经纪人高大宽都不得不感慨："很火，都冒烟了！"小沈阳这时或许才真正领略到什么叫"出名"，他说："春晚没白上，成名之后确实挺美的。"

小沈阳越火，赵本山越担心，他一直观察小沈阳，并不时地给他打预防针。2009年3月10日，小沈阳夫妇受邀到江苏卫视录制节目，临行前，赵本山把小沈阳叫到身边，好好地叮嘱了一通："别人喜欢你，把你当个腕儿，你可不能真的把自己当腕儿啊！"

辉煌对一个艺人来说是最危险的，在没离开过农民圈的赵本山看来："神舟飞船研制中的很大一部分精力就是在研究怎么把人送回来，升天易，落地难，演员成名后也要学会'落地'。"

小沈阳一直在身体力行地遵守师傅的教诲，他在观众面前以及师弟师妹们中间表现得极为谦虚。他的事业蒸蒸日上，各地、国外演出，经营酒吧，触电拍片……脚步越迈越高。

故事解析

由于赵本山经验丰富，在一边不断降温，年轻成名的小沈阳没有被巨大的荣耀砸到，仍然清醒地求取进步。利用成名后的好机会，他积极开拓自己的事业领地，开阔了视野，不断上升。成名学落地，对所有人的人生不无裨益。

我们都有这样的经验：无论用什么方式走路，无论脚步再快，都不可能比目光更快更远；无论如何在行程中选择捷径，肯定不会每条道路都去尝试，总要通过视野进行选择；最后，无论一个盲人如何善于使用拐杖，一个没有视野的人，绝不可能依赖拐杖进行奔跑。一个人一生的脚步，绝不会超过其视野的极限。

人生的成功与否，尤其是成就开放式人生，更与视野开拓息息相关。也正因为视野决定人生高度，所以古人才有登高望远的名言，也才有坐井观天的警句。

高情商者不会被名利、物质桎梏，他们总能及时剪除过度的欲望，保持心灵、目光的清澈，不断地投射向更远方。

故事穿越

1792 年，英国的马戛尔尼率领由科学家、作家、医官等 90 人组成的使团，拜见乾隆。在这次见面之中，满清统治者视野中的盲点毕现无疑。

英国人带来了最新的发明：蒸汽机、棉纺机、梳理机、织布机，还有当时英国最大的“君主号”战舰模型。英国人以为满清贵族会感到惊奇。但乾隆却认为：“天朝物产丰盈，无所不有”，这些不过是无用的奇技淫巧罢了。

马戛尔尼还赠送过榴弹炮等火药武器，但是当 1860 年英法联军火烧圆明园时，英国人发现，几十年前赠送给清政府的大炮与炮弹都完好无损地摆放在那里——从未被使用过。

双方的争议当然还包括“地球是圆的”这个话题，虽然英国人发现清朝行宫中保存有明朝遗留下来的地球仪和《坤舆万国全图》（传教士利玛窦所赠，明朝曾全国公开出版，上面标有英国的位置），但乾隆依然不知道英国在哪里，一个叫杨光先的大臣还散发文章说：“若四大部州，万国之山河大地，是一个大圆球……竟不思在下之国土人之倒悬……有识者以理推之，不觉喷饭满案矣！”

马戛尔尼归国后，曾得出如此结论：“清政府的政策跟自负有关，它很想凌驾各国，但目光如豆，只知道防止人民智力进步……当我们每天都在艺术和科学领域前进时，他们实际上正在变成半野蛮人。”

故事微语

事实上，正如马戛尔尼所说，清政府并不缺乏雄心，但关键在于他们“目光如豆”，视野中有一顶“内置的帽子”——自我的盲点。盲点决定了统治者不可能拥有开拓型的国际视野，也不可能有开放的国策；就算见到了先进的地球仪、战舰、火炮，他们也一样无动于衷。

清政府的自大封闭达到极限，他们沉浸在自己小小的一国欲望中，自满自得，却已经远远被人类的先进文明甩在了脚下，招致“不过是一个泥足巨人，只要轻轻一抵就可以把他打倒在地”的落后挨打背运。

要随时注重情商的培养，一定要克服对眼前利益的纠结，积极解决认知中的盲点，拒绝利欲熏心的短视，时时以学习的心态关注身外，及时吸纳人类的进步成果，发展自己。

心灵箴言

对于年轻人来说，旅游就是一种学习的方式。

——[英] 培根

卓越的天才不屑走别人走过的路，他寻找迄今未开拓的地区。

——[美] 林肯

我宁愿做一个囚犯有读不完的书，也不愿做个衣食无忧但没有读书自由的人。

——金庸

大抵少年能以旅游观览山水名胜为乐，乃极佳事。因此中不但怡神遣目，且能增进许多阅历学问，激发多少志气，更无论太史公文得江山之助者矣。

——严复

灵活掌控，一切皆有可能

故事话题

奥康董事长王振滔说：“做企业一定要有思路。做企业的人，思维一定要敏锐，要活跃。”

王振滔在初三的时候，就开始帮助家里做点小生意，把稻谷磨成米卖。当时，别人 100 斤稻谷总是磨 80 斤米，而他却总是磨 68 斤米。“这样，不但磨出来的米非常光亮，糠的营养也比较好；所以，同样的东西，别人都来买我的。这让我当时就成了一个‘小老板’。”王振滔对自己的做法一直很自豪。

2000 年，奥康在意大利、荷兰等国设立分公司，并通过悉尼奥运会让全世界认识了奥康。2003 年，奥康和意大利著名的制鞋企业 GEOX 公司合作，负责 GEOX 公司销往亚洲和欧美市场的产品和辅助设计，双方共享销售网络和资源，不仅保住了自己的品牌，而且借用了 GEOX 公司的渠道和技术。

作家叶永烈盛赞美国康龙集团董事长叶康松具有灵活的头脑。他这样写道：“他细心倾听市场的声音，信息灵通，‘小船掉头快’，什么有利就做什么。他办过水果农场，养过虾，种过木菇。到美国之后，种过香菇，做过打火机生意，后来又从‘中国货，美国卖’到‘美国货，中国卖’，看中美国威斯康辛州的西洋参，打进中国保健品市场。眼下，他在保健品、食品、化妆品等领域延伸业务，拓展到欧洲、东南亚等 30 余个国家和地区。他的公司包括生产、贸易、投资、旅游、咨询服务方方面面的业务都在拓展。”

故事解析

从商也是极考验人情商的领域，在商界取得成就的商人都是高情商者。都具有灵活、变通的优点。

毛泽东在《论持久战》一书中阐述：“灵活，是聪明的指挥员，基于客观情况，审时度势而采取及时的和恰当的处置方法的一种才能。”

能根据情境恰当地选左择右，是一种智慧。就如同开车，首先车要配齐挡位，然后就是司机根据需要适时换挡了。能够根据形势和条件的变化调整自己的情绪、想法和行动，就是一个人的适应力情商。

灵活的人机敏、善于合作，能对变化做出反应而不墨守成规，当他们发现事实证明自己错了时，能够改变主意。他们通常能开放对待并容忍不同的想法、偏好、方式和惯例，而不独断专行，但他们又不是变化无常地转变想法和行为，而是根据从环境获得的反馈不断调整；缺乏这一能力的人则有刻板和固执的倾向，爱认死理，他们很难适应新环境，并缺乏抓住和利用新机遇的能力，常常是一条道走到黑。

情商高的人，不仅会配齐挡位，还会根据实际情形的需要，及时换挡，做到进退自如。

故事穿越

2005 年 3 月，时任框架传媒董事长兼 CEO 的谭智出现在分众传媒公司的办公室，对董事长江南春说："我计划将北京、上海、广州、深圳四地的 10 多家电梯海报公司整合成一家，并将这家公司推出上市。"江南春听后一笑置之，认为这几乎是一个不可能完成的任务。

这时，谭智对框架传媒的估值是 6000 万元。忙了几个月后，谭智如愿完成了并购整合，取得了超过 90%的市场占有率。这时他又一次对公司进行了估值，已高达 2 亿元。

到 8 月份，他再次约见刚刚带领分众传媒在纳斯达克上市的江南春，告诉他框架传媒面临的 3 个选择：独立上市，卖给分众，与当时分众的最大竞争对手聚众传媒整合。江南春意识到分众传媒此时别无选择，谭智的飞速整合已为自己赢得了主动权。

经过紧锣密鼓的谈判后，刚刚上市 3 个月的分众传媒最终出价 1.83 亿美元收购了框架传媒。谭智选择了按每股 24 美元的股价换股，而当他最后一次出售所持的股权时，每股股价已经足足高出了 5 倍——也就是说，他用 5000 万人民币发起的整合，最终在资本市场上兑现了 5 亿美元！

这就是灵活变通言行创造的一个资本运作的神话，也因此被哈佛商学院收录为经典案例。

故事微语

谭智能够根据具体形势果断完成并购整合上市，在于他思维的灵活、目光的敏锐。高情商驱动他即时奋起行动。

在英文中，“动机”一词与“情绪”有着相同的词根“motere”，它是行动的意思。这似乎也暗合了动机和情绪能催生行动力。所以，创投界格外看重行动力而非创意。创意再新奇再合理，没有执行落地，充其量也不过是些脑力游戏罢了。

美国心理学家克里夫·萨让和理查德·戴维森对大脑的研究也从生理层面证明了这一点。他们发现，虽然人的情绪源自边缘系统(“情绪脑”)，但情绪的表达则是由前额皮质(“思考脑”)来管理的。恐惧、厌恶等令人畏缩不前的负面情绪由右侧的前额皮质掌控，像快乐、开心这一类更积极的情绪则是由左侧发出。

看来，要能够灵活掌控，就必须激活我们的左前额。而人只要一想到实现有意义的目标或者更宏大的人生意义，左前额的神经回路就会开始释放积极情绪，由此可以推断，“干我所爱，爱我所干”是保持时刻前进的秘诀。

心灵箴言

机智是随着智慧而来的。

——非洲谚语

真正的机智从来不使我们发笑。

——[美] 爱默生

如果你追踪机智，结果却会抓住愚蠢。

——[法] 孟德斯鸠

机智的主要用处是教我们与没有它的人相处得很好。

——[美] 爱默生

第五篇

鞭策内心：完善自身的不完美

人们常说，“冲动是魔鬼”。日常生活中，冲动会摧毁一个人的情感、意志、品性，许多人都会在情绪冲动时做出令自己后悔不已的事情来。因此，学会有效管理和调控自己的冲动情绪，是一个人走向成功的前提。

忠言逆耳，虚心接受旁人意见

故事话题

本杰明·富兰克林是美国著名政治家、科学家，同时亦是出版商、印刷商、记者、作家、慈善家，更是杰出的外交家及发明家。

童年的富兰克林因为家境贫穷，只上过两年学，就开始在父亲的作坊做工。他家附近有一片沼泽，边上有一个工地，有一段时间堆了很多石块。

在富兰克林的建议下，他和伙伴们用石块修了个钓鱼台。第二天，工人找到家长告状。富兰克林辩解很有意义，但父亲教训了他，说以不诚实完成的事情不会有益，这个品德教育影响了他一生。

由于他爱看书，父亲安排他到印刷厂工作，同时大量阅读书籍。他一度迷上诗歌，自己试着创作。哥哥鼓励了他，他又费尽心思创作了两首长诗，印刷出来。

第一首卖得挺好，他自己很满意。但父亲说很幼稚，只能为大家增添笑料，富兰克林的头脑一下清醒，主动放弃了做诗人的想法。他成年后也发现那两首诗毫无价值。

小富兰克林与镇上一个同样喜欢读书的孩子是好朋友。两人经常争论问题。一次为了争论一个问题，两人闹僵了，不再见对方。冷静下来后富兰克林把自己的论点写信寄给他，两人又通过信件争论，来回三四封信。

父亲看了他们的信，认为富在拼写与标点上略优，但在措辞、严谨条理上远远落后。父亲还指出例子，富兰克林心服口服，从此以后不断练习。

故事解析

从上面富兰克林童年的故事看出，他具有虚心接受别人意见、建议的优秀品质。这应该是他能够脱颖而出的原因之一。

幼小的富兰克林能够对他人的意见作出一定的判断，将别人的见解转化为自己的想法和观点，不因别人的批评与否定产生消极抵抗情绪，而是不断鞭策自己日趋完善，可以说是很有情智的。这为他日后的正常向上的发展打下很好的基础。

在为人处世中，对于别人的缺点、优劣会较容易产生认识，反而对于自身的问题不好发现。注重情商培养的人都应该时常主动向别人请教自己的不足，“闻过则喜”，加以检点自身素养。

更要充分施展情商的各种功能，积极体验自己的言行带出的反应与效果，由此判断自己需要扬弃的地方。

从主观、客观两个方面积极检视自己，扬长避短，成为受欢迎的人。

故事穿越

一个人做肥皂的推销工作，他不仅对别人的反感与推却表示宽容理解，甚至会恳请别人的批评。

他最开始做这个工作时，成果很小，拿不到几个订单。他非常重视这份工作，希望能够好好干下去，面临惨淡的开端，他开始认真思索。公司的产品质量上有行业证书保证，价钱也是在权衡人们的生活水平与生产成本之后合理确定的，如此说来，就是自己销售的方法有问题。可是，问题出在哪里呢？

他为此紧张不安，在街上走来走去，但是却找不到头绪。他只好回头去找拒绝了自己的人，再次敲开他们的房门，诚恳地说："我刚才来过这里，我再来不是想再向您推销肥皂，而是希望您能告诉我拒绝的原因。我很珍重这份工作，我希望能够找到问题，让自己的工作尽善尽美。您有什么不满的，不用客气，全部告诉我，越详细越全面越好，我都热烈欢迎，先谢谢您的忍耐！"

很多人被他对工作的执着感染，全盘托出对他工作的感受，还会介绍自己相关的经验，提出很多建设性意见。这种虚心学习的态度让他受益颇丰。

了解了自己的种种不足，收集了宝贵丰富的意见，经过持续不断的努力，他从最不起眼的推销员一步步踏上了最高端的董事长位置，成为全世界最大肥皂公司 CPP 的第一决策人，他叫 E.H.李特。

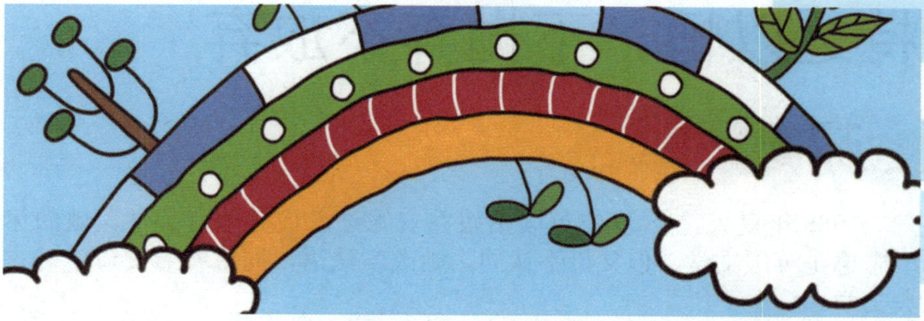

故事微语

人往往都是喜欢被人夸奖的，很少人喜欢被别人批评。有时别人的批评不是对我们个人本身的不满，而是对我们做事或是对人态度的不满，他们的批评是对我们做事的建议，并不是无中生有的挑剔。

李特的故事告诉我们，很多时候，生活、工作、人际上的麻烦出于自己，能够勇敢主动让别人批评自己，提出交往的感受，自己才能加速进步，克服不足，发扬优长，早日成为成功人士。

李特修炼自我的勇气十分强大，所以即使是陌生人，冒着不受欢迎的苦恼，他也会回头虚心请教。

这种不畏艰难的勇气是李特巨大的情商财富，依据这一点，他逐渐培养了更多优秀的情商元素，形成比较完善的个性。

每个人都应该尽早地发现自己已经具备的优秀情商元素，灵活运用，以一生万，达成完备的人格，争取最大的成绩。

心灵箴言

批评家的表总要比别人的快五分钟。

——[法] 圣伯夫

人们在批评的筛子里寻找一切奥秘。

——[英] 史文朋

批评者是我们的益友，因为他点出我们的缺点。

——[美] 富兰克林

我愿意做一块磨刀石：虽然它本身不能切东西，却能使铁器锋利。

——[德] 贺斯

持之以恒，不抛弃不放弃

故事话题

1983 年夏天，18 岁的英国姑娘乔安妮进入埃克塞特大学。她的第一志愿是英国文学，但父母不认同，她改学法语，同时背着父母学习古典文学。

1987 年，初入职场的乔安妮每到午餐时间就去咖啡馆等安静场所，专心致志地写小说。

1990 年 6 月的一个周末，乔安妮探望男友后坐在返回伦敦的火车上。火车晚点了，她百无聊赖地盯着窗外的牛群。这时，一个 11 岁的小男孩闯进她的脑海，他就是哈利·波特，乔安妮从当晚开始了写作。

1990 年年底母亲去世了，不久，乔安妮的公寓遭抢劫，更加雪上加霜的是，她与男友的感情也走到了尽头。

乔安妮去了葡萄牙，当起了英语老师，授课之余，继续写作。1992 年，乔安妮在葡萄牙结婚，1993 年生下女儿，之后遭到家庭暴力，被丈夫赶出家门。她求助于警察，要回了女儿，回到家乡。

乔安妮成了失业的单身母亲，政府的救济资助使她和女儿有了一个容身之处。她心情抑郁，找到心理咨询师接受了认知行为疗法，从那段艰难的时光中走了出来。

她继续自己的创作，1995 年完成了《哈利·波特与魔法石》的手稿，共遭到 12 家出版社的退稿。最后布鲁姆斯伯里出版社慧眼识珠，1997 年 6 月 26 日，《哈利·波特与魔法石》在英国正式出版，乔安妮从此成为哈利·波特之母——罗琳。

故事解析

哈利·波特之母罗琳的个人生活十分不幸，但她对心爱的文学创作持之以恒，不抛弃不放弃，以极大的毅力完成了文稿，得到全球范围的认同。

如果一个人干某件事或者从事某项活动，总要别人的监管、催促，那么，他将不可能有任何效率或兴趣可言。

所谓自主性，通俗言之，就是自己把自己看作是学习、生活和工作的主人，自己主宰自己。总之，自主性素质高的人，能够有效的控制自己的行为，使自己成为主宰自己命运的主人，在自觉的努力进程中，实现自我的价值。

目前，已有足够的事实和科学研究说明，自主性是决定一个人成功与否的关键性因素之一。从通俗的“三分天注定，七分靠打拼”到广为流传的“百分之九十九的汗水”，以及松下幸之所力倡的“尽人事，听天命”的人生态度等等，无一不是对自主性意义的肯定，对自主性精神的高扬。

有人把世界上 320 名诺贝尔奖金获得者所具有的共同内在素质归纳为六个方面，即：高瞻远瞩，善于把握时机；选准目标，坚持不懈；勤奋努力，注重实践；富于幻想，大胆探索；排除干扰，勇往直前；兴趣浓厚，好奇心强。从中我们可以看到，人的情感智商在成功过程中的意义与作用是非凡的，这六个方面的素质都与人的自主性素质密切相关。自主性素质是成功者的基本心理准备。

故事穿越

提起林书豪，人们就会津津乐道纽约尼克斯队的五连胜，和林书豪从板櫈球员一跃成为耀眼明星的传奇故事。

林书豪很小的时候就开始接触篮球了。他酷爱篮球的父亲深信成功来自于扎实的基础，他为儿子制定了严格的家庭训练制度：每周训练三次，每次三十分钟，风雨无阻。持之以恒地坚持训练，让打篮球的基础技术在他的肌肉之中根深蒂固。

高一时，林书豪入选了校队。虽然拥有美国国籍，但歧视和嘲讽一直伴随着林书豪。在篮球场，总有人不屑地说：“快回去吧，中国人，这里是篮球场，没你的事！”还有人说：“看他那细长的亚洲人眼睛，能看得见篮板吗？”面对四面而来的歧视甚至辱骂，林书豪没有退缩，也没有回击，他选择了坚持训练和打球，决心用成绩来赢得尊重。

高中毕业后，林书豪选择进入哈佛大学。哈佛篮球队是一支不折不扣的弱旅，而他非选秀出身，没有特别出众的技术特点，前景并不被看好。

他曾获得勇士队的一纸短约，有过惊艳的表现，依然被横扫出门。辗转来到休斯顿火箭也并没有获得表现的机会。期间经历过漫长的等待，他曾犹豫，因为他的坚持几乎到达了极限。

随着新秀香伯特的受伤，林书豪意外地在尼克斯队获得重新上岗的机会。凭着出色的表现，他终于完成了破茧成蝶的蜕变，成了熠熠生辉的明星。

故事微语

林书豪对梦想的执着被人嘲笑、打击，而他又屡屡失败，但是他从未想过放弃。是他对梦想锲而不舍的坚持，当稍纵即逝的机会来临时，让他终于取得了梦寐以求的成功。

成功根本没有秘诀，如果有的话，就只有两个：第一个是坚持到底，永不放弃；第二个就是当你想放弃的时候，请回过头来再照着第一个秘诀去做。

培养坚持的韧劲能够对成功的实现产生直接的促进作用，是我们可以把握、执行的手柄，操纵机体的前进。

目前，我国正面临着应试教育向素质教育转轨的变革。素质教育的核心就是，尊重学生独立人格的品质和价值，把学习的主动权交给学生，让学生有自主学习的时间和空间。美国教育家第斯多惠指出：“不好的教师转述真理，好的教师教学生发现真理。”叶圣陶先生曾说，“教的目的是为了不需教。”这些教育哲思妙语，说的是一个道理——必须培养学生的自主学习能力，这是教育的终极目的。

成功离不开自主。自主性能力像其他素质一样，潜在于我们每个人身上。自主性的能力必须从小训练。

自主性是情商的重要构成部分，是我们开辟成功人生道路，立足于世的根本依托。

心灵箴言

我们最大的弱点在于放弃。成功的必然之路就是不断地重来一次。

——[美] 托马斯·爱迪生

无论什么时候，不管遇到什么情况，我绝不允许自己有一点点灰心丧气。

——[美] 爱迪生

我之所以能在科学上成功，最重要的一点就是对科学的热爱，坚持长期探索。

——[英] 达尔文

向着某一天终于要达到的那个终极目标迈步还不够，还要把每一步骤看成目标，使它作为步骤而起作用。

——[德] 歌德

激发潜能，挖掘自身的宝藏

故事话题

史蒂文·斯皮尔伯格，年仅36岁时已成为电影史最成功的制片人。史上票房前十位的电影当中，他执导了四部。

自十二三岁起，斯皮尔伯格就确定了成为电影导演的梦想。17岁那年的一个下午，他拜访了环球电影公司，成功地确定了自己的目标，并采取了行动。

他一个人偷偷地跑到那里观察如何执拍一部真实的电影，还幸运地与环球电影公司的编辑部门负责人交流了一小时。那个“大人物”友善地表示了对斯皮尔伯格的欣赏。

对大多数人而言，事情就到此为止了。但斯皮尔伯格有着超强的个人信念，清楚地知道自己苦苦追求的东西。基于第一次的经历，他改变了策略。

第二天，他穿上西服，甚至戴上了父亲的领带，手里拿着三明治和糖果棒再次来到环球电影公司——如同自己就在这上班一样，他还故意在门卫跟前逗留了一会。后来，他找到一个别人丢弃的空白卡片，用塑料字母贴上“斯皮尔伯格，导演”。

整个夏天他都在那里和导演、编剧及剪辑师交流，在与他的梦想仅有一线之隔的领域徜徉，贪婪地汲取营养，细心地观察，逐渐形成了一个优秀导演所需的敏锐感觉。

不久之后，20岁的斯皮尔伯格终于有幸为环球电影公司拍摄了一部温情影片，因此获得一份七年的合同和执导一部电视剧——梦想终于步入现实。

故事解析

斯皮尔伯格对电影制作怀有深切的喜爱，这种情绪引导他留恋在电影公司殷勤地求知、实践，日积月累，牵引出他内在的潜能，让他成为伟大的导演。

提出“情智”概念的梅耶博士和萨洛维博士认为，情绪和动机一起为人提供心理能量，“当情绪、动机和社会需求协调一致的时候，我们就会拥有能量。”

从他们对情智概念的解构中，可以看出，如果把人的心理比作一台发电机，情商正是通过对自己及他人情绪的应用、调节和利用，来帮助维持这台发电机的运作，使之能较好地引导和使用以及输出能量。

事实上，中国文化也早就认识到了情绪可以化作能量，《中庸》指出了“知耻近乎勇”，古代诗人也描述了“春风得意马蹄疾”，还有俗话说的“化悲痛为力量”。

2010 年，甘肃舟曲发生特大泥石流时，年轻妈妈杨露梅被埋在了泥里动弹不得，但凭着母爱，她用一只手托举起 4 岁半的儿子长达 8 个小时直到获救，让人们再一次真切地看到了“情绪小宇宙”的爆发。

故事穿越

1979 年年方 19 的她，只是一个裁缝的女儿，却因天生丽质进入香港小姐决赛，镜头前的她忍不住喜极而泣。然而最终，她一无斩获，理由让全天下哗然：出身贫寒的她不会穿高跟鞋。

她参加无线试镜，也以失败而告终，但她不矫揉造作的台风得到了当年演艺界大腕刘松仁的赏识，他引荐她跨足影视圈，在杜琪峰的处女作《碧水寒山夺命金》里扮演一位侠女。布鞋青衫的她持刀弄剑，青涩天真，不经意间的回眸一笑却已然颠倒了众生。

1981 年，她又以率性而真诚的表演，征服了严苛的许鞍华导演。她成为《胡越的故事》里那个命运坎坷、坚韧不拔的女主角，这部电影让她一炮而红，从此踏上香港电影的星光大道。

1989 年，她是影坛的女神，电影上座率都是 100%。青涩早已褪去，再高的高跟鞋，踏足也是举重若轻。镜头前她罗衫微解、眼波流转、微翘的红唇露出一抹淡淡的笑意，说不出的风情与性感就在这潋滟的笑容里。

这一年，她对媒体大方地宣布了她潜藏多年的感情：出乎所有人的预料，对方不是富甲一方的商界翘楚、也不是风流倜傥的豪门公子，而是靠自身实力创业的广告界才子、未来的商界精英。

1991 年 12 月 10 日，在美国罗德岛州圣百兰天主教教堂，她终于身披洁白的婚纱。这一刻，她美得惊艳绝伦，幸福的微笑让全天下艳羡。她就是钟楚红。

故事微语

勇敢的尝试让平凡的女孩绽放光彩，执着的坚持成就了耀眼的明星，从寒门小户的丫头到仪态雍容的红星、阔太，一个人生能量就这样得到发掘，势不可挡。

要获得心理能量，就要善用情绪。那些善于应对挫折、能将每一次拒绝都当作挑战而不是挫折的人，才可能成为成功的人。

情商帮助你在自己的情绪体验中敏锐识别出哪些事情可以给你带来持续的快乐，帮助你排除干扰，独立地自我决断，激励你为实现自己最大的潜能而不断努力。

心理学研究发现，一个人的效能表现和他所承受的压力之间，存在一个倒U型曲线的关系。

没有压力就会导致心理动力不足，潜能得不到充分发挥，适当的压力，则可能成为动力，激励人自我提升。

高情商者都是驾驭这条曲线的能手，对压力的包容度较高，能笑对挑战，变压力为动力；同时，因为对自己的情绪保持敏锐的察觉，他能及时做出调适，不至于出现身体或情绪症状；即便出现心理亚健康的时候，他也能有效地克服焦虑，乐观冷静地管理负面压力，做到“泰山崩于前而色不改”。

心灵箴言

你能做到的，比想象的更多。

——英国谚语

每个人都可以让世界变得不同,应该尝试。

——[美] 约翰·F.肯尼迪

没有人事先了解自己到底有多大的力量，直到他试过以后才知道。

——[德] 歌德

那脑袋里的智慧，就像打火石里的火花一样，不去打它是不肯出来的。

——[英] 莎士比亚

天大地大，责任最大

故事话题

罗文，1881年毕业于西点军校。作为一个军人，他与陆军情报局一道完成了一项重要的军事任务——将信送给加西亚，被授予杰出军人勋章。之后，他曾服役于菲律宾，因作战勇敢而受到嘉奖。退役后，他在旧金山度过了余生。

美西战争发生后，美国必须立即跟古巴的起义军首领加西亚将军取得联系。加西亚将军在古巴丛林里——没有人知道确切的地点，所以无法写信或打电话给他。但美国总统必须尽快地获得他的合作。怎么办呢？有人对总统说："有一个名叫罗文的人，有办法找到加西亚，也只有他才能找到。"

他们把罗文找来，交给他一封写给加西亚的信。罗文拿了信，把它装在一个油布制的口袋里，封好，吊在胸口，划着一艘小船，四天之后的一个夜里在古巴上岸，消逝于丛林中。三个星期之后，徒步走过危机四伏的国家，把那封信交给了加西亚。他送的不仅仅是一封信，而是美利坚的命运，整个民族的希望。

罗文的事迹通过一本叫做《致加西亚的信》的小册子传遍了全世界，不少公司的总裁、CXO们对实干家情有独钟，坚持不懈地寻找那种不问缘由只知道忠实执行任务的能人，不惜一切代价。他在每个城市、村庄、乡镇，每个办公室、公司、商店、工厂，都会受到欢迎。世界上急需这种人才，这种能把信带给加西亚的人。

故事解析

罗文不讲条件、完美履行责任的精神感天动地，变成一种符号，全世界都在寻找的实干家。

高情商者的一大优势就是有责任心，敢做敢承担，不推卸责任，遇到问题，分析问题，解决问题。

社会责任是使社会和团体相融合的黏合剂。它是成员和团队的互惠关系，支持成员发展，支持团队实现比个体单枪匹马实现的目标更宏伟的集体目标。

社会责任包括确定并履行更大团体在生活和工作中的其他个体的幸福所承担的责任。更大团体可以是公司、体育联盟、社团等。个体通过诚实的方式对社会群体做出贡献，表现出自己是一位有建设性、富有合作精神的成员。

通常，个体要为团队及其成员付出时间、精力、金钱和忠诚，从而帮助团队实现集体目标，进而裨益所有成员。

故事穿越

在《论语》里有一段对答：“颜渊、季路侍，子曰：‘盍各言尔志？’子路曰：‘愿车马衣轻裘与朋友共，敝之而无憾。’颜渊曰：‘愿无伐善，无施劳。’子路曰：‘愿闻子之志。’子曰：‘老者安之，朋友信之，少者怀之。’”

这段话是说：有一天，孔子和他两个得意的弟子颜渊与子路座谈，孔子问他们的志向是什么？敢爱敢恨的子路比较喜欢抢答：“我希望发财，天天能开奔驰坐宝马，月月能穿世界名牌班尼路，年年能用大宝护肤……总之物质生活很富足。”然后他接着说：“这些东西并不是我一个人享用，我要和我爱的和爱我的人分享，即使用坏了用旧了用光了，我也不心疼不后悔不上火。”

相比英雄子路的粗犷回答，颜渊就属于深刻理解了“八荣八耻”的贤人了：“我希望有最好的道德行为、最好的道德成就，对于社会虽有善行贡献，却不骄傲，我还希望自己不会给别人带去辛劳的重负。”

孔子的回答则更上了一个台阶，表现出圣人的境界、老大的风范，直接提出了和谐社会的美好构想：“老有所依，少有所养，人与人之间充满了信任与关爱。”

新东方董事长俞洪敏初中时读到这段对话，深受感染，铭记到今天还可以随口背出。尤其是子路的志向，虽然看似朴实简单，却很了不起——为了自己爱的人和爱自己的人去奋斗，这个想法一直在激励他每天尽力去做好自己。

故事微语

俞洪敏的成功就在于他迫切的使命感，超强的责任心。他的责任很实际地维系在自己的生活层面，所以他能够牢牢把握，一天天地去增进、壮大。

情商说起来很神奇，但终将落实在生活里的每时每刻。认清自己的责任，从一点一滴做起，一个有心人就能够随时磨练自己的情商，让自己的性质越来越完善，充分做好成功的准备。

构建社会责任感意指培养更多的关系，从而挖掘和表达个体间的相互依赖性，并增强对这种联系的评价。为团结大家、凝聚力量，我们必须整合提炼共同的真实需求、期望目标和利益，并对此达成共识。

奋斗的理由其实很简单：不名一文者，为能给心爱的人买一个她喜欢的礼物；身居陋室者，能让全家人有更好的生活保障；冠盖京华者，能胸怀大庇天下寒士俱欢颜的志向就是愿车马衣轻裘的力量！

心灵箴言

做好每一件该做的事就是责任。

——王爱珍

自由的第一个意义就是担负自己的责任。

——阿来

责任并不是你的负担，而是一种你应具有的信念，做一个有责任心的人吧。

——范华芳

真正进步的人决不以“孤独”、“进步”为己足，必须负起责任，使大家都进步，至少使周围的人都进步。

——邹韬奋

坚持原则，我的青春我做主

故事话题

二战胜利后，梅汝璈因为是法学界权威，被任命为中国参加“远东军事法庭”的法律代表团团长兼首席法官。

梅汝璈到东京后，受到盟军最高统帅部的热情迎接。顾毓当时也正在东京考察，这位清华校友特意买了一把装饰华贵的宝剑赠予梅汝璈，说：“宝剑赠壮士，希望你代表中国同胞和千百万死难烈士，对日寇元凶祸首进行严惩。”梅汝璈听罢拔剑出鞘，激动地说：“戏文中常有‘尚方宝剑，先斩后奏’之说，如今是法制时代，必须先审后斩，否则，我真要先斩他几个，方雪我心头之恨。”

各国法官都到齐后，大家最为关注的是法庭上的座位排序。当时的中国是受侵略之害最深的国家，但国力最弱，因此英国、荷兰都试图将座次排在中国前面。梅汝璈提出，法庭座次应按日本投降时各受降国的签字顺序排列才最合理。

开庭前一天预演时，时任庭长的澳大利亚法官韦伯突然宣布入场顺序为美、英、中、苏、法，梅汝璈立即对这一决定表示坚决抗议，他毅然脱去穿在身上的法袍，拒绝“彩排”。

梅汝璈说：“今日预演已有许多记者和电影摄影师在场，一旦明日见报便是既成事实，既然我的建议在同仁中并无很多异议，我请求立即对我的建议进行表决。否则，我只有不参加预演，回国向政府辞职。”

梅汝璈据理力争，终于使入场顺序和法官座次合理排定，中国国旗插在了第一位。

故事解析

梅汝璈坚持祖国荣誉的原则，既捍卫了中华民族的尊严，又彰显了自己做人的底线、基准。

要具有高情商，需要刻意注重提高自身修养，而为人处世有自己的原则，是情感成熟的标志。高情商者每次进行人生决策都很迅速，看起来很神奇，但真相只是因为他们无时无刻不在思索自己为人处世的基本原则，从而建立起稳定的人生价值系统，即价值观。因此，他们才能够从容胜任外部世界的风云变幻。

人在一生的成长过程中会积留很多经验、想法，而价值观就是梳理这些精神财富的过滤器。它决定了你生活内容的主次轻重排序。如果一个人说自己问心无愧，尽力而为了，就是在说他是按照自己既定的价值观、良知和理性对生活进行了取舍，分配自己有限的时间、精力。非如此，不能心安理得，心情舒畅。

故事穿越

阿尔弗雷德·伯恩哈德·诺贝尔是瑞典著名的发明家和化学家，生前主要致力于炸药的研究，获得巨额财富。他于 1895 年 11 月 27 日写下遗嘱，捐献全部财产 3122 万余瑞典克朗设立基金，用每年的利息奖励世界上在科学，文学和和平事业上作出杰出贡献的人，这就是诺贝尔奖的由来。

诺贝尔奖共分物理，化学，医学(包括生理学)，文学，和平五种，从 1969 年起又增设了经济学奖。

诺贝尔文学奖由瑞典文学院下设的专门委员会评定，于每年诺贝尔逝世纪念日颁奖。按照遗嘱，文学奖授予“最近一年来”在文学方面创作出具有理想倾向的最佳作品的人。1900 年经瑞典国王批准的基本章程中改为“近年来创作的”或“近年来才显示出意义的”“具有文学价值的作品”。

诺贝尔文学奖一开场就受到热烈追捧，甚至有人妄想利用不正当手段攫取。在第一届评选中，一位作家利用私交关系，促使一名院士把他推荐给瑞典文学院，但未获得成功。

由于首次颁奖冷落了两位文坛巨匠托尔斯泰和左拉，引发大量抗议。瑞典学院的常任秘书威尔生说：“托翁没有获奖是因为不符合诺贝尔竞选章程的规定，应由具备资格的学者或有关团体推荐。”当托尔斯泰具备上述条件后，学院认为托翁作品的内容和倾向不符合诺贝尔“理想主义”要求。托尔斯泰愤然退出了竞争行列。

坚持原则是诺贝尔奖经久不衰的奥秘所在。

故事微语

不止诺贝尔奖，世界上很多让众生趋之若鹜的奖项都是因为讲究原则取胜的：福布斯排行榜、奥斯卡金像奖、奥林匹克运动会的奖励……原则是万物立身的根本，是人成为社会一员的立身之本。

本杰明·富兰克林是美国智慧和财富的化身。他少年时代只读了两年书，就去印刷厂当了学徒。然而，数年之后，这个印刷工人却成了享誉世界的伟大政治家、《独立宣言》的主要起草人。他著名的“十三则人生信条”以及终身恪守这些人生准则的毅力，则是这位伟人留给后人最宝贵的精神遗产，

用自己赚取的千万财富设立奖项的诺贝尔也是坚持原则的典范。他毕生的心血都奉献于化学事业，奋进不止，才有了泽被后世的诺贝尔奖。

心灵箴言

自重，自觉，自制，此三者可以引致生命的崇高境域。

——[英] 丁尼生

在所有一切有益人类的事业中，首要的一件，即教育人的事业。

——[法] 卢梭

不是每个人都要站在第一线上的，各人应该做自己份内的工作。

——[俄] 赫尔岑

如果有一天，我能够对我们的公共利益有所贡献，我就会认为自己是世界上最幸福的人了。

——[俄] 果戈里

心灵榜样微史话

戴尔·卡耐基

戴尔·卡耐基(1888 年 11 月 24 日—1955 年 11 月 1 日）美国现代成人教育之父，美国著名的人际关系学大师，西方现代人际关系教育的奠基人，被誉为是 20 世纪最伟大的心灵导师和成功学大师。他利用大量普通人不断努力取得成功的故事，通过演讲和书唤起无数陷入迷惘者的斗志，激励他们取得辉煌的成功。其在 1936 年出版的著作《人性的弱点》，70 年来始终被西方世界视为社交技巧的圣经之一。他在 1912 年创立卡内基训练班，以教导人们人际沟通及处理压力的技巧。

莱特兄弟

指的是奥维尔·莱特（1871.8.19—1948.1.30）和威尔伯·莱特（1867.4.16—1912.5.12）美国人，发明家，飞机的发明者。世人一般认为他们于 1903 年 12 月 17 日首次完成完全受控制、附机载外部动力、机体比空气重、持续滞空不落地的飞行，并因此将发明了世界上第一架飞机的成就归功给他们。

丹·拉瑟

丹·拉瑟 1931 年 10 月 31 日生，美国记者、新闻主播。曾任美国哥伦比亚广播公司的 CBS 晚间新闻的当家主播，此外也是新闻杂志节目六十分钟的主持人。曾任美联社记者，驻达拉斯、伦敦、西贡特派员。由于报道布什总统逃避兵役的错误新闻，于 2005 年 3 月 9 日后告别主播台，自 1981 年 3 月 9 日登上晚间新闻当家主播算起，担任此一职位长达 24 年整。

史蒂夫·保罗·乔布斯

史蒂夫·保罗·乔布斯（1955.2.24—2011.10.5）美国发明家、企业家、美国苹果公司联合创办人。

乔布斯被认为是计算机业界与娱乐业界的标志性人物，他经历了苹果公司几十年的起落与兴衰，先后领导和推出了麦金塔计算机(Macintosh)、iMac、iPod、iPhone、iPad 等风靡全球的电子产品，深刻地改变了现代通讯、娱乐、生活方式。乔布斯同时也是前 Pixar 动画公司的董事长及行政总裁。

2011 年 10 月 5 日，因胰腺癌病逝，享年 56 岁。

瓦特

詹姆斯·瓦特(1736—1819）是英国著名的发明家，是工业革命时的重要人物。1776 年制造出第一台有实用价值的蒸汽机。以后又经过一系列重大改进，使之成为“万能的原动机”，在工业上得到广泛应用。他开辟了人类利用能源新时代，标志着工业革命的开始。后人为了纪念这位伟大的发明家，把功率的单位定为“瓦特”。

小布什

乔治·沃克·布什，美国第 43 任总统(第 54—55 届)。布什在 2001 年 1 月 20 日就职担任总统之前，于 1995-2000 年间担任第 46 任的得克萨斯州州长。布什家族很早就开始投入共和党以及美国政治，布什的父亲是之前曾担任第 41 任总统的乔治·赫伯特·沃克·布什，他的弟弟杰布·布什也曾经担任佛罗利达州的州长，由于与父亲同样担任过美国总统，因此又常被称为小布什以区别，而他父亲就被尊称为老布什。小布什总统任内遭遇了 2001 年的 9·11 事件，他因此发动了一连串所谓的“反恐战争”。在 2001 年 10 月他发动了阿富汗战争以推翻塔利班政权并铲除基地组织势力，接着他在 2003 年 3 月发动了伊拉克战争，推翻了萨达姆政权。

经过激烈的选战后，在 2004 年击败民主党参选人约翰·克里获得连任，并成功赢得普选和选举人票。任内小布什推行了 1.3 万亿元的减税计划，以及对于医疗保险和社会福利体制的改革，同时也推行了社会保守主义的政策，例如禁止堕胎的法案、以及反对承认同性婚姻的联邦法案提议。近年来，布什政府在反恐战争的正当性、关塔那摩湾事件、虐囚门事件以及飓风卡特里娜救灾工作的处置上遭到众多批评，他的施政存在极大争议，执政民调认可度在 9·11 事件之后也有逐渐下滑的趋势。

在美国在线于 2005 年举办的票选活动《最伟大的美国人》中，布什被选为美国最伟大的人物第 6 位。

刘备

公元 161 年—公元 223 年 6 月 10 日，字玄德，东汉末年幽州涿郡涿县(今河北省涿州市）人，西汉中山靖王刘胜的后代，三国时期蜀汉开国皇帝，政治家，史家又称他为先主。

刘备少年与公孙瓒拜卢植为师求学，而后参与镇压黄巾起义。与关羽、张飞先后救援过北海孔融、徐州陶谦等。陶谦病亡后将徐州让与刘备。

刘备早期颠沛流离，投靠过多个诸侯，后于赤壁之战与孙权联盟击败曹操，趁势夺取荆州，而后进取益州，建立蜀汉政权。陈寿评刘备机权干略不及曹操，但其弘毅宽厚，知人待士，百折不挠，终成帝业。刘备自己也曾说过，自己做事“每与操反，事乃成尔”。

公元 221 年，刘备在成都称帝，国号汉，年号章武，史称蜀或蜀汉，占有今四川、云南大部、贵州全部，陕西汉中和甘肃白龙江一部分。

长孙皇后

601 年 3 月 15 日—36 年 7 月 28 日，小字观音婢，其名于史无载。隋朝右骁卫将军长孙晟之女，母亲高氏为汉族。八岁丧父，由舅父高士廉抚养。武德元年册封秦王妃。武德末年竭力争取李渊后宫对李世民的支持，玄武门之变当天亲自勉慰诸将士。之后拜太子妃。李世民即位 13 天即册封为皇后。在后位时，善于借古喻今，匡正李世民为政的失误，并保护忠正得力的大臣。贞观十年(636 年）崩。谥号文德皇后。上元元年(674 年)，加谥号为文德圣皇后。李世民誉之为“嘉偶”“良佐”并筑层观望陵怀念。曾著有《女则》十卷，尚有翰墨存世，今均佚，仅存《春游曲》一首。幼子即唐高宗李治。

倪征燠 [yù]

1906—2003。1906 年出生于苏州府吴江县（今苏州市吴江区）的黎里镇，中学毕业后，他立志学法，报效国家。他先在上海东吴大学法学院读法律专业（苏州东吴大学设在上海），1928 年毕业于东吴大学法学院；之后留学于美国斯坦福大学法学院，获得博士学位，受聘为约翰霍普金斯大学荣誉研究员。

黄镇

1909—1989，乳名百知，辈分为“师”，又名佩寰，学名士元，1909 年生于安庆桐城县东乡（现安庆枞阳县横埠镇）的一个农民家庭。20 年代初期受五四运动进步思潮影响，追求进步。1925 年，黄镇先后入上海美术专科学校、上海新华艺术大学学画。毕业后，在浮山公学（现安徽省浮山中学）任美术教员，后因支持进步学生而被解职。历任中国驻法国大使，外交部副部长，文化部部长、中央顾问委员会委员。擅长中国画，出版有：《长征画集》《黄镇书画选集》。1992 年 6 月，《将军、外交家、艺术家——黄镇纪念文集》出版，中共中央总书记江泽民为文集题词：“为党为民，忠心耿耿，无私无畏，正气长存”。

启功

1912—2005，姓爱新觉罗，字元白，也作元伯，号苑北居士，北京市人，清代皇族之后。中国当代著名书画家、教育家、古典文献学家、 鉴定家、红学家、诗人，国学大师。曾任北京师范大学副教授、教授，中国人民政治协商会议全国委员会常务委员、国家文物鉴定委员会主任委员、中央文史研究馆馆长、博士研究生导师、九三学社顾学大师。曾任北京师范大学副教授、教授，中国人民政治协商会议全国委员会常务委员、问、中国书法家协会名誉主席，世界华人书画家联合会创会主席，中国佛教协会、故宫博物院、国家博物馆顾问，西泠印社社长。

李嘉诚

1928 年 7 月 29 日出生于广东潮州，汉族，原籍广东潮州潮安，祖籍福建莆田，长江实业集团有限公司董事长。

1939 年 6 月，刚刚读初中的李嘉诚与家人辗转到香港，一家人寄居在舅父庄静庵的家里。1958 年开始投资地产。1979 年购入老牌英资商行“和记黄埔”，成为首位收购英资商行的华人。1981 年获选“香港风云人物”和太平绅士。1989 年获英国女王颁发的 CBE 勋衔、1992 年被聘为港事顾问、1993 年度香港风云人物、1995 年至 1997 年任特区筹备委员会委员。自从 1999 年被福布斯评为全球华人首富以来，连续 15 年蝉联华人首富宝座。2011 年，李嘉诚工夫茶传奇故事入选国家孔子学院汉语外教文章。2014 年《福布斯》杂志公布的全球富豪排名，李嘉诚的净资产总值高达 310 亿美元，蝉联亚洲首富，全球排行第 20 位。2014 年 3 月，李嘉诚将屈臣氏股份近 25%作价 440 亿港元卖给新加坡主权基金淡马锡，在 8 个月中已套现超过 710 亿港元。同年 3 月，出版相关传记《李嘉诚：成功没有偶然》。6 月 18 日，李嘉诚旗下的维港投资宣布，投资美国纽约科技公司 Modern Meadow，已为该公司完成 1000 万美元的 A 轮融资，用于研发培植细胞、制造皮革等技术。

袁隆平

1930 年 9 月 7 日出生于北京，汉族，江西省九江市德安县人，无党派人士，现居湖南长沙。中国杂交水稻育种专家，被称为中国的“杂交水稻之父”，中国工程院院士。

现任中国人民政治协商会议第十二届全国委员会常务委员，湖南省政协副主席，湖南省科协副主席。国家杂交水稻工程技术研究中心主任暨湖南杂交水稻研究中心主任、西南大学农学与生物科技学院名誉院长、湖南农业大学农学院教授、中国农业大学客座教授、怀化职业技术学院名誉院长、湖南生物机电职业技术学院名誉院长、联合国粮农组织首席顾问、世界华人健康饮食协会荣誉主席。

2006 年 4 月，当选美国国家科学院外籍院士，2010 年荣获澳门科技大学荣誉博士学位，2011 年获得马哈蒂尔科学奖。

2014 年 1 月 3 日，袁隆平团队回应转基因水稻研究，尚未用于实践。挪威议员提名中国著名杂交水稻育种专家、印度遗传学家和巴基斯坦人权活动家角逐 2014 年度诺贝尔和平奖。

心灵修养用语微解

余地： 空隙的地方，比喻言论或行动中留下的可以回转的地步。

亲密： （感情、关系等）亲近密切。目前论坛上多以“亲",人”相称，意为亲爱的朋友、志同道合的朋友等意思。亲近密切。

友情： 友谊，朋友的感情。指慈悲之慈。相当于佛教用语“弥勒”（梵 maitriˆ）一词，此语乃由 mitra（友）字变化而来，即俗谓之友情。

健忘： 健忘是指记忆力差、遇事易忘的症状。多因心脾亏损，年老精气不足，或瘀痰阻痹等所致。常见于神劳、脑萎、头部内伤、中毒等脑系为主的疾病之中。或用于比喻人容易忘记某人或某件事情。

智慧： 是高等生物所具有的基于神经器官[物质基础]的一种高级的综合能力，包含有：感知、知识、记忆、理解、联想、情感、逻辑、辨别、计算、分析、判断、文化、中庸、包容、决定等多种能力。

情商： Emotional Quotient，简称EQ，主要是指人在情绪、情感、意志、耐受挫折等方面的品质。总的来讲，人与人之间的情商并无明显的先天差别，更多与后天的培养息息相关。是近年来心理学家们提出的与智力和智商相对应的概念。

礼貌： 是人类为维系社会正常生活而要求人们共同遵守的最起码的道德规范，它是人们在长期共同生活和相互交往中逐渐形成，并且以风俗、习惯和传统等方式固定下来。对一个人来说，礼貌是一个人的思想道德水平、文化修养、交际能力的外在表现。

尊重： 指敬重、重视。人的内心里都渴望得到他人的尊重，但只有尊重他人才能赢得他人的尊重。尊重他人是一种高尚的美德，是个人内在修养的外在表现；尊重他人是一个人的政治思想修养好的表现，是一种文明的社交方式，是顺利开展工作、建立良好的社交关系的基石。生活中只有互相尊重才能和别人建立良好的友情。

朋友：是指在特定条件下由双方都认可的认知模式联系在一起的不分年龄、性别、地域、种族、社会角色和宗教信仰的相互尊重、相互分享美好事物、可以在对方需要的时候自觉给予力所能及的帮助的人及其持久的关系。

逻辑：源自古典希腊语(logos)，最初的意思是“词语”或“言语”，(引申出意思“思维”或“推理”)；1902年严复译《穆勒名学》，将其意译为“名学”，音译为“逻辑”；日语则译为“论理学”。传统上，逻辑被作为哲学的一个分支来研究。自从19世纪中期，逻辑经常在数学和计算机科学中研究。逻辑的范围非常广阔，从核心主题如对谬论和悖论的研究，到专门的推理分析如或然正确的推理和涉及因果关系的论证。

委婉语：人们在交际和交流中希望找到一种合适的表达方式，即使双方能够顺利完成交际，又使双方感到此次交际是愉快的。完成了理想的交际任务，委婉用语就是实现这一理想交际的合适的表达方式。

察言观色：多指揣摸别人的心意。出处《论语·颜渊》：“夫达也者，质直而好义，察言而观色，虑以下人。”

人际关系：社会学将人际关系定义为人们在生产或生活活动过程中所建立的一种社会关系。心理学将人际关系定义为人与人在交往中建立的直接的心理上的联系。